"十四五"职业教育国家规划教材

网络营销实务

主　编　阮伟卿
副主编　刘晓佳　王雪宜　童艳霞　李雪菁
参　编　周　炎

北京理工大学出版社
BEIJING INSTITUTE OF TECHNOLOGY PRESS

内容简介

"网络营销实务"是《高等职业学校电子商务专业教学标准》中的专业核心课程。标准中规定,该课程的主要教学内容有:根据网站和网店的推广目标,筛选合理的推广方式和新媒体营销方法;网络推广方案和营销方案制定与实施;网络营销推广方案效果评估和优化等。

参考《电子商务数据分析职业技能等级标准》初级、中级和高级中的市场数据分析、竞争数据分析、推广数据分析的内容,对目标行业调查、网络消费者调查、市场细分和定位、策划与实施网络营销推广、监测与评估网店网络营销效果的任务内容进行选取和序化。

参考《网店运营推广职业技能等级标准》初级、中级、高级的工作任务和职业技能,选取网络消费者分析、淘宝网店标题制作与SEO、SEM、网络广告、内容营销与社会化网络推广、促销活动、网络营销效果优化等任务。

参考国家级电子商务职业技能大赛,结合比赛软件,对教材中的SEO、SEM和品牌任务进行了重构。以技能大赛软件操作引入任务,结合淘宝网店推广实践,进行知识学习和技能培养,达到学练做一体,提高职业电子商务网络营销技能。

本教材以培养网络营销岗位技能为目的,通过"目标—做一做—任务实施—总结拓展"等多个环节、"想一想、学一学、考一考、做一做"四个实施步骤,实现"教、学、做"一体化。让学生通过任务,构建网络营销理论体系,培养职业意识、职业思维和职业行为,对网络营销岗位职责、岗位技能和工作流程有一个全面的认识,为学生的可持续发展奠定良好的基础。

图书在版编目(CIP)数据

网络营销实务 / 阮伟卿主编. -- 北京:北京理工大学出版社,2021.9(2023.8重印)

ISBN 978-7-5763-0383-4

Ⅰ.①网… Ⅱ.①阮… Ⅲ.①网络营销-高等学校-教材 Ⅳ.①F713.36

中国版本图书馆CIP数据核字(2021)第191341号

出版发行 / 北京理工大学出版社有限责任公司
社　　址 / 北京市海淀区中关村南大街5号
邮　　编 / 100081
电　　话 /(010)68914775(总编室)
　　　　　(010)82562903(教材售后服务热线)
　　　　　(010)68944723(其他图书服务热线)
网　　址 / http://www.bitpress.com.cn
经　　销 / 全国各地新华书店
印　　刷 / 河北盛世彩捷印刷有限公司
开　　本 / 787毫米×1092毫米　1/16
印　　张 / 13.25
字　　数 / 270千字
版　　次 / 2021年9月第1版　2023年8月第2次印刷
定　　价 / 49.80元

责任编辑 / 吴　欣
文案编辑 / 吴　欣
责任校对 / 周瑞红
责任印制 / 施胜娟

图书出现印装质量问题,请拨打售后服务热线,本社负责调换

前　言

为了提高职业院校人才培养质量，满足产业转型升级对高素质、复合型、创新型技术技能人才的需求，《国家职业教育改革实施方案》和教育部关于"双高计划"（中国特色高水平高职学校和专业建设计划）的文件中，提出了"教师、教材、教法"三教改革的系统性要求。其中，专业核心课程新型活页式、工作手册式教材的主要内涵要求是：按照"以学生为中心、学习成果为导向、促进自主学习"的思路进行教材开发设计，将"企业岗位（群）任职要求、职业标准、工作过程或产品"作为教材主体内容，将"以德树人、课程思政"有机融合到教材中，提供丰富、适用和引领创新作用的多种类型立体化、信息化课程资源，实现教材多功能作用并构建深度学习的管理体系，推进教育数字化和智慧化。

为此，我们按照"活页教材＋活页笔记＋工作训练＋功能插页"四位一体的表现模式，策划、编写专业理论与实践一体化的课程教材。

网络营销是通过互联网开展的市场营销活动，其发展得益于网络强国、数字中国，得益于数字经济的快速发展和社会长期稳定。74.4%的互联网普及率和10.3亿的互联网上网人数是网络营销开展的基础。数字技术作为世界科技革命和产业变革的先导力量，日益融入经济社会发展各领域全过程，深刻改变着生产方式、生活方式和社会治理方式。全国统一大市场、电子商务和移动支付规模全球领先、服务业数字化水平显著提高、悠久的中华文明，为网络营销活动提供了丰富的应用场景。网络安全保障和数字经济治理水平的持续提升、网络生态持续向好，为网络营销的顺利开展保驾护航。广泛开展的网络营销实践活动，为教材的编写提供了有力的支撑。

本教材根据高职高专电子商务专业的培养目标，结合职业教育对象的特点，以突出实践能力为主线，突破传统教材的编写模式，按照校企共建的思路，在充分调研和吸收企业调研人员意见的基础上，以职业能力培养为目标，以任务为载体，以工作过程为指导思想，坚持"校企合作、工学结合"的人才培养模式，培养学生的职业性、专业性、技能性，提升其职业素养。

通过校企合作和广泛的行业企业调研，结合电子商务类1+X证书中的《网店运营推广职业技能等级标准》和《电子商务数据分析职业技能等级标准》，以及国家级电子商务职业技能大赛中与网络营销有关的内容，按照《高等职业学校电子商务专业教学标准》对"网络营销实务"课程的培养目标、规格和内容进行系统性的改革和模式创新。特别是对课程内容进行系统化、规范化和体系化设计，按照四位一体模式进行策划设计，并采取活页式的装订方式。在教材内容的选取上，按照《高等职业学校电子商务专业教学标准》，参考1+X证书《电子商务数据分析职业技能等级标准》和《网店运营推广职业技能等级标准》中与网络营销有关的工作任务和职业技能，参考电子商务技能大赛与网络营销有关的技能，提炼教学内容。与区域特色企业（家家悦、黄胖子苹果）合作，引入工作任务，设计学习任务。

本教材以多个学习任务为载体，通过项目导向、任务驱动等多种情境化的表现形式，突出过程性知识，引导学生学习相关知识，获得经验、方法与岗位能力，形成直接相关的知识和技能，使其知道在实际岗位工作中"做什么""怎么做""做得如何""如何才能做得更好"。体现了问题导向、系统的职业人才培养理念。

基于网络营销的知识逻辑和工作过程导向的要求，参考1+X《网店运营推广职业技能等级标准》和《电子商务数据分析职业技能等级标准》，由简单到复杂，由实操到规划设计，由应用到管理，实现新商科人才技能培养由动作技能向智力技能的转变和提高。本教材开发了"调研与分析网络市场定位、设计与策划网络营销推广活动、监测和评估网络营销效果"3个项目，每个项目下安排有2~6个任务训练。另外，本教材中所选择的淘宝或其他平台的数据是指数化的数据，非真实数据，特此说明。

本教材在编写结构、体例、内容等方面进行了大胆的探索和创新，但难免存在一些不足、错误和缺陷，希望广大读者提出批评或改进建议。

编　者

目 录

项目一 调研与分析网络市场定位 ... 1

项目导读 ... 1
学习目标 ... 1
项目组织 ... 2

任务一 目标行业市场调查 ... 3

学习目标 ... 3
任务导入 ... 3
 任务内容 ... 3
 任务分析与实施 ... 3
  步骤一 确定调查对象和内容 ... 4
  步骤二 收集信息 ... 6
  步骤三 分析信息，得出结论 ... 7
相关知识点 ... 10
 一、网络市场调查 ... 10
 二、行业与类目 ... 12
 三、网络市场调查内容与分析 ... 13
 四、撰写行业调查报告 ... 14
任务单 ... 15
 一、任务指导书 ... 15
 二、任务评价标准 ... 16
任务拓展 ... 17
知识巩固与拓展 ... 17
 一、知识巩固 ... 17
 二、拓展 ... 17
自我分析与总结 ... 18

任务二 网络消费者调查 ... 19

学习目标 ·· 19
　　任务导入 ·· 19
　　　　任务内容 ·· 19
　　　　任务分析与实施 ·· 19
　　　　　　步骤一　消费者基本属性分析 ·· 19
　　　　　　步骤二　网络消费者需求分析 ·· 21
　　　　　　步骤三　网络消费者行为分析 ·· 23
　　相关知识点 ·· 25
　　　　一、消费者行为 ·· 25
　　　　二、网络消费者分析 ··· 29
　　　　三、网络消费者信息收集的方法和工具 ···································· 32
　　任务单 ··· 35
　　　　一、任务指导书 ·· 35
　　　　二、任务评价标准 ··· 36
　　任务拓展 ·· 37
　　知识巩固与拓展 ·· 37
　　　　一、知识巩固 ··· 37
　　　　二、拓展 ··· 37
　　自我分析与总结 ·· 38

任务三　网络市场细分与定位 ··· 39

　　学习目标 ·· 39
　　任务导入 ·· 39
　　　　任务内容 ·· 39
　　　　任务分析与实施 ·· 39
　　　　　　步骤一　网络市场细分 ··· 39
　　　　　　步骤二　目标市场选择 ··· 41
　　　　　　步骤三　网络市场定位 ··· 42
　　相关知识点 ·· 43
　　　　一、市场细分 ··· 43
　　　　二、目标市场选择 ··· 44
　　　　三、市场定位 ··· 46
　　任务单 ··· 48
　　　　一、任务指导书 ·· 48
　　　　二、任务评价标准 ··· 49

任务拓展 ··· 50
  知识巩固与拓展 ··· 50
    一、知识巩固 ··· 50
    二、拓展 ··· 50
  自我分析与总结 ··· 51
 项目综合任务 ··· 52
    一、任务清单 ··· 52
    二、任务评价表 ··· 52

项目二　设计与策划网络营销推广活动 ··· 54

 项目导读 ··· 54
 学习目标 ··· 54
 项目组织 ··· 55

任务一　网站搜索引擎优化（SEO）··· 56
  学习目标 ··· 56
  任务导入 ··· 56
    任务内容 ··· 56
    任务分析与实施 ··· 56
    步骤一　搜索引擎模拟抓取网页 ··· 56
    步骤二　华为官网SEO调查 ··· 57
    步骤三　网站优化 ··· 60
  相关知识点 ··· 61
  任务单 ··· 74
    一、任务指导书 ··· 74
    二、任务清单 ··· 75
  任务拓展 ··· 75
  知识巩固与拓展 ··· 75
    一、知识巩固 ··· 75
    二、拓展 ··· 76
  自我分析与总结 ··· 77

任务二　网店商品标题优化 ··· 78
  任务目标 ··· 78
  任务导入 ··· 78
    任务内容 ··· 78

  任务分析与实施 ·· 79
  步骤一　选择关键词 ·· 79
  步骤二　标题的撰写 ·· 80
  步骤三　标题监测与优化 ·· 80
 相关知识点 ·· 82
  一、淘宝 SEO ··· 82
  二、淘宝标题关键词收集 ·· 83
  三、淘宝标题优化 ··· 85
 任务单 ·· 87
  一、任务指导书 ·· 87
  二、任务清单 ··· 87
 任务拓展 ··· 88
 知识巩固与拓展 ·· 88
  一、知识巩固 ··· 88
  二、拓展 ··· 89
 自我分析与总结 ·· 90

任务三　搜索引擎营销（SEM）策划与实施 ·· 91

 任务目标 ··· 91
 任务分析与实施 ·· 91
  任务内容 ··· 91
  任务分析与实施 ·· 91
  步骤一　建立推广计划 ··· 91
  步骤二　制定推广方案 ··· 92
  步骤三　推广管理和优化 ·· 96
 相关知识点 ·· 96
  一、淘宝直通车推广 ·· 96
  二、选择拟推广的宝贝 ··· 98
  三、关键词选择 ·· 99
  四、撰写创意和选择推广的图片 ··· 100
  五、设置投放区域和时间 ·· 101
  六、直通车推广效果的评价 ··· 102
 任务单 ·· 107
  一、任务指导书 ·· 107
  二、任务评价 ··· 107

任务拓展 ·· 108
知识巩固与拓展 ·· 108
一、知识巩固 ·· 108
二、拓展 ·· 109
自我分析与总结 ·· 110

任务四　网络广告推广策划与实施 ·································· 111
任务目标 ·· 111
任务导入 ·· 111
任务内容 ·· 111
任务分析与实施 ·· 111
步骤一　确定网络广告的目标 ································ 112
步骤二　确定网络广告的目标受众 ···························· 112
步骤三　选择投放媒介 ······································ 112
步骤四　网络广告实施和评估 ································ 113
相关知识点 ·· 113
一、认知网络广告 ·· 113
二、选择网络广告投放平台 ···································· 116
三、网络广告效果的监测和评价 ································ 119
任务单 ·· 120
一、任务指导书 ·· 120
二、任务评价 ·· 120
任务拓展 ·· 121
知识巩固与拓展 ·· 122
一、知识巩固 ·· 122
二、拓展 ·· 122
自我分析与总结 ·· 123

任务五　内容营销与新媒体整合营销推广策划与实施 ·················· 124
任务目标 ·· 124
任务导入 ·· 124
任务内容 ·· 124
任务分析与实施 ·· 124
步骤一　确定营销目标 ······································ 125
步骤二　整合内容 ·· 126
步骤三　内容整合营销实施 ·································· 127

步骤四　整合营销效果评估 ……………………………………………… 129
　相关知识点 …………………………………………………………………… 130
　　一、认知新媒体 ……………………………………………………………… 130
　　二、新媒体营销 ……………………………………………………………… 133
　　三、新媒体营销内容的制作 ………………………………………………… 136
　　四、新媒体营销效果的评估与优化 ………………………………………… 137
　任务单 ………………………………………………………………………… 140
　　一、任务指导书 ……………………………………………………………… 140
　　二、任务评价 ………………………………………………………………… 140
　任务拓展 ……………………………………………………………………… 141
　知识巩固与拓展 ……………………………………………………………… 141
　　一、知识巩固 ………………………………………………………………… 141
　　二、拓展 ……………………………………………………………………… 142
　自我分析与总结 ……………………………………………………………… 143

任务六　网络促销活动策划与实施 ………………………………………… 144
　任务目标 ……………………………………………………………………… 144
　任务导入 ……………………………………………………………………… 144
　　任务内容 ……………………………………………………………………… 144
　　任务分析与实施 ……………………………………………………………… 144
　　　步骤一　促销活动目标确定 ……………………………………………… 145
　　　步骤二　促销活动设计 …………………………………………………… 145
　　　步骤三　促销活动推广与实施 …………………………………………… 146
　　　步骤四　促销活动效果评估 ……………………………………………… 147
　相关知识点 …………………………………………………………………… 147
　　一、认知促销活动推广 ……………………………………………………… 147
　　二、节假日促销活动方案策划 ……………………………………………… 149
　任务单 ………………………………………………………………………… 154
　　一、任务指导书 ……………………………………………………………… 154
　　二、任务评价 ………………………………………………………………… 154
　任务拓展 ……………………………………………………………………… 155
　知识巩固与拓展 ……………………………………………………………… 155
　　一、知识巩固 ………………………………………………………………… 155
　　二、拓展 ……………………………………………………………………… 156
　自我分析与总结 ……………………………………………………………… 157

项目综合任务 158
    一、任务清单 158
    二、任务评价表 159

项目三　监测与评估网络营销效果 160

项目导读 160
学习目标 160
项目组织 161

任务一　监测与评估网店网络营销效果 162

  任务目标 162
  任务导入 162
    任务内容 162
    任务分析与实施 162
    步骤一　制订网店网络营销目标 162
    步骤二　监测与评估网店流量引进 165
    步骤三　监测与评估网店流量的转化 167
    步骤四　监测与评估网店的复购率 169
    步骤五　网络营销ROI评估 170
    步骤六　监测与评估网店品牌 170
  相关知识点 172
    一、网络营销目标与评估 172
    二、网店销售额影响因素 174
  任务单 177
    一、任务指导书 177
    二、任务评价 177
  任务拓展 178
  知识巩固与拓展 178
    一、知识巩固 178
    二、拓展 178
  自我分析与总结 179

任务二　监测与评估网络品牌 180

  任务目标 180
  任务导入 180
    任务内容 180

  任务分析与实施 …………………………………………………………… 180
   步骤一 监测与评估企业官媒 ………………………………………… 180
   步骤二 监测与评估网络舆情 ………………………………………… 185
   步骤三 网络危机公关 ………………………………………………… 186
 相关知识点 ……………………………………………………………………… 187
  一、网络营销品牌传播媒介建设评估 ……………………………………… 187
  二、网络营销品牌建设 ……………………………………………………… 190
  三、网络危机公关管理 ……………………………………………………… 191
 任务单 …………………………………………………………………………… 193
  一、任务指导书 ……………………………………………………………… 193
  二、任务评价 ………………………………………………………………… 194
 任务拓展 ………………………………………………………………………… 194
 知识巩固与拓展 ………………………………………………………………… 194
  一、知识巩固 ………………………………………………………………… 194
  二、拓展 ……………………………………………………………………… 195
 自我分析与总结 ………………………………………………………………… 196
项目综合任务 ……………………………………………………………………… 197
 一、任务清单 ………………………………………………………………… 197
 二、任务评价表 ……………………………………………………………… 197

参考文献 …………………………………………………………………………… 198

调研与分析网络市场定位

 项目导读

企业制订网络营销计划、开展网络营销活动的前提是对市场、消费者的分析，企业应结合自身的能力选择市场，为目标消费者创造价值。

本项目通过目标行业市场调查、网络消费者调查、网络市场细分与定位三个任务的学习，培养和提升学生运用网络调查工具搜集信息、分析和确定网络营销策略的能力。

通过三个任务的学习，掌握网络市场调研与定位的方法，能够举一反三，充分了解市场和消费者，策划网络市场定位，达到1+X《网店运营推广职业技能等级标准》的中高级部分能力标准和《电子商务数据分析职业技能等级标准》的初级和中级部分能力标准。

```
                调研与分析网络
                  市场定位
        ┌───────────────┼───────────────┐
   目标行业市场调查    网络消费者调查   网络市场细分与定位
  1. 网络市场调查      1. 消费者行为      1. 市场细分
  2. 行业与类目        2. 网络消费者分析  2. 目标市场选择
  3. 网络市场调查内容与分析  3. 网络消费者信息收集的  3. 市场定位
  4. 撰写行业调查报告       方法和工具
```

学习目标

通过本项目的学习，学生应达到以下目标。

一、知识目标

1. 了解产品行业、商品类目的划分。

2. 掌握网络消费心理与行为，网络问卷调查的设计方法与实施步骤，网络消费者标签的内容和实际应用。

3. 掌握网络营销市场调查的工具和方法。

4. 掌握网络市场细分、目标市场选择、市场定位的方法和应用。

二、能力目标

1. 能够收集与目标产品有关的行业信息，完成目标市场的调查。

2. 能够调查网络消费者的特征、需求和行为，构建网络消费者标签。

3. 能够根据商品市场调查分析，对市场进行细分，确定网店的经营品类。

4. 能够根据细分市场的特点及目标消费人群的特征，确定网店的网络营销策略。

 项目组织

一、时间安排

项目一共 16 个课时，其中每个任务 4 个课时，项目综合任务 4 个课时。

二、教学组织

本项目围绕拟选商品，采取小组团队合作的形式，通过网络收集资料并加以分析，完成目标行业市场调查、网络消费者调查、网络市场细分与定位三个任务。

小组拟选商品，可以围绕区域优势商品展开，比如区域的农产品、特色商品等。

与本项目有关的网络资源主要有国家统计局、天猫、艾瑞咨询、易观国际和拟选商品的行业网站。

三、教学成果

通过三个任务的学习，掌握网络市场信息收集和分析的基本方法和工具，能够收集行业信息和消费者信息，细分市场、选择市场和进行市场定位。

形成一份针对拟选商品的综合市场调查分析报告，确定网络营销策略，帮助开展网络营销推广活动。

任务一　目标行业市场调查

学习目标

通过本任务的学习，学生应达到以下目标。

一、知识目标
1. 了解产品分类、行业分类、商品类目的划分标准和应用。
2. 掌握网络市场调查的方法、网络信息收集的途径，理解一手资料、二手资料的来源，掌握生意参谋平台的主要功能和使用方法。
3. 掌握行业分析报告的收集途径和报告内容的解读方法。

二、能力目标
1. 能够界定行业和类目。
2. 能够收集行业数据。
3. 熟悉网络行业市场分析工作流程，能对相关的行业数据进行分析，明确行业的发展现状和趋势，围绕目标市场走势，完成目标市场的调查和分析，撰写行业分析报告。

三、素质目标
1. 形成严谨细致的工作作风，培养对数据的敏感性。
2. 培养团队合作精神。
3. 在网络信息收集中，遵纪守法，形成版权保护意识。

任务导入

● 任务内容

随着我国 2011 年起二孩政策的逐步实施，与母婴有关的产品获得了持续增长的空间。小王看到这种趋势，希望在淘宝开设婴幼儿产品的网店。

为了提高网店成功的概率，首先需要了解母婴市场的构成、市场的交易规模和发展趋势，判断有无市场机会。

● 任务分析与实施

目标行业市场调查，首先需要根据面临的问题，确定调查的目的、调查对象和需要调查的内容，其次利用网络工具收集信息，最后围绕着面临的问题、调查的目的，对收集到的信息，进行分析，得出结论，如图 1-1-1 所示。

图 1-1-1　目标行业市场调查

步骤一 确定调查对象和内容

本任务面临的问题是什么?调查的目的是什么?

1. 国家统计局产品分类目录

国家统计局发布的《统计用产品分类目录》,是对社会经济活动中的实物类产品和服务类产品进行的统一分类和编码。它适用于以实物类产品和服务类产品为对象的所有统计调查活动,以《国民经济行业分类》为基础,其产品大类与行业分类的大类基本一致。可通过中华人民共和国国家标准《国民经济行业分类》(GB/T 4754—2017),了解产品的行业界定。

职业素养

华为业务流程的僵化、优化、固化

比如,查询儿童服装。通过《国民经济行业分类》查询,获得与儿童服装有关的门类"C 制造业",大类则为"18 纺织服装、服饰业",如图 1-1-2 所示。

C	制造业	9
13	农副食品加工业	9
14	食品制造业	11
15	酒、饮料和精制茶制造业	13
16	烟草制品业	14
17	纺织业	14
18	纺织服装、服饰业	15

图 1-1-2 国民经济行业分类(门类、大类)

继续查询可知,"纺织服装、服饰业"下,中类包含"181""182""183",中类"181"包含"1811"和"1819"两个小类,中类"182"包含"1821""1829"两个小类,"183"包含"1830"一个小类,如图 1-1-3 所示。从每个类别的说明中,可以提炼出与儿童服装有关的产品。

		纺织服装、服饰业	
181		机织服装制造	指以机织面料为主要原料,缝制各种男、女服装,以及儿童成衣的活动;包括非自产原料制作的服装,以及固定生产地点的服装制作活动
	1811	运动机织服装制造	指运动服、滑雪服、登山服、游泳衣等服装制造
	1819	其他机织服装制造	指除运动机织服装以外的其他机织服装制造
182		针织或钩针编织服装制造	指以针织、钩针编织面料为主要原料,经裁剪后缝制各种男、女服装,以及儿童成衣的活动
	1821	运动休闲针织服装制造	指针织T恤、针织休闲衫、针织运动类服装制造
	1829	其他针织或钩针编织服装制造	指除运动休闲针织服装以外其他针织或钩针编织服装制造
183	1830	服饰制造	指帽子、手套、围巾、领带、领结、手绢,以及袜子等服装饰品的加工

图 1-1-3 国民经济行业分类(中类、小类)

通过国家统计局发布的《统计用产品分类目录》，分别查询"针织服装"和"梭织服装"下的婴儿服装产品类别，结果如图 1-1-4 和图 1-1-5 所示。

图 1-1-4　针织婴儿服装

图 1-1-5　梭织婴儿服装

2. 天猫平台母婴子类目构成

通过《天猫 2019 年度各类目年费软件服务费一览表》和卖家商品发布后台，可以发现母婴用品的一级类目、二级类目和三级类目的构成，以及类目下的品牌，如图 1-1-6 和图 1-1-7 所示。

图 1-1-6　母婴用品—宝宝辅食—果粉／水果粉

图 1-1-7　母婴用品—婴幼儿营养品—牛初乳

3. 确定调查目标和内容

母婴市场作为淘宝中的一个一级类目市场，是由许多二级、三级甚至四级类目市场构成的。通过调查母婴市场整体市场交易额及其变化，掌握母婴市场大的发展环境和趋势，在此基础上，需要深入了解市场交易额的构成，进一步调查各个子类目的市场规模和占比，确定新店选品的目标。

步骤二　收集信息

想一想

网络市场调查信息收集的工具与方法有哪些？

做一做

1. 艾瑞咨询数据

通过艾瑞咨询，收集到《2021年中国母婴市场消费趋势研究报告》，获得"母婴市场规模持续增长，推测2020年达到3.25万亿元"的结论，如图1-1-8所示。

图 1-1-8　2012—2020 年中国母婴市场规模及增速

2. 生意参谋数据

通过生意参谋，收集淘宝平台中的童鞋行业信息，如表 1-1-1 所示。收集行业数据，要注意数据的真实性和有效性。

表1-1-1　淘宝童鞋子类目数据

一级类目	二级类目	日期	访问数/人	商品数/件	销售额/元	客单价/元	卖家数	被支付卖家数/家
童鞋	运动鞋	2020年1月	116 279 010	13 040 578	12 412 808 798	106.75 020	6 585 295	297 656
童鞋	运动鞋	2020年2月	83 506 851	12 574 629	8 079 654 959	96.75 440	6 944 735	277 890
童鞋	运动鞋	2020年3月	62 825 280	11 164 480	6 460 713 877	102.83 620	6 9151 188	221 829
童鞋	运动鞋	2020年4月	69 636 863	10 745 712	6 577 226 487	94.450 360	6 243 715	226 609
童鞋	运动鞋	2020年5月	105 439 676	14 097 149	9 883 990 455	93.740 710	8 021 465	315 299
童鞋	运动鞋	2020年6月	97 715 431	13 171 452	8 371 363 410	85.670 840	7 907 343	297 110
童鞋	运动鞋	2020年7月	75 163 633	11 059 916	6 643 748 506	88.390 470	7 678 718	258 327
童鞋	运动鞋	2020年8月	46 594 237	7 630 393	4 598 579 602	98.694 170	7 564 846	173 222
童鞋	运动鞋	2020年9月	36 728 944	7 393 501	3 573 631 522	97.297 420	7 826 657	154 766
童鞋	运动鞋	2020年10月	75 287 056	11 364 348	7 288 518 997	96.809 720	7 912 423	230 313
童鞋	运动鞋	2020年11月	102 370 288	13 556 182	9 922 626 524	96.928 770	8 007 702	293 100
童鞋	运动鞋	2020年12月	106 408 158	13 756 588	9 979 548 387	93.757 360	8 284 876	289 254

步骤三　分析信息，得出结论

对分析的信息，如何做到有的放矢？

本次任务收集和分析信息的目的是为新开设的网店选择子类目和商品。

理想的行业是市场交易额大、处于持续增长期、供需比合理、竞争不激烈、机会多、利润高、有发展前景的行业，即蓝海市场。

1. 母婴市场分析

通过对艾瑞咨询《2021年中国母婴市场消费趋势研究报告》的分析，得到以下结论。受二孩政策的影响，同时随着收入水平的提高带来的消费能力的提升，母婴市场持续增长；母婴类目中，食、衣、用等仍是消费主力品类，如图1-1-9所示。

童鞋子类目数据

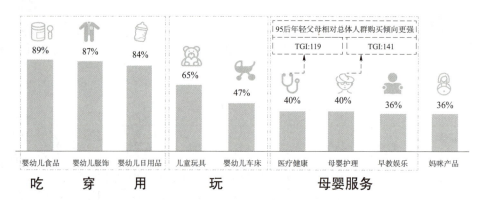

图 1-1-9 母婴类产品购买大类

在婴幼儿服饰/寝居类产品中，童装童鞋最受欢迎，如图 1-1-10 所示。

图 1-1-10 婴幼儿服饰/寝居产品消费情况

职业素养

人民日报论法：环境监测数据造假，应该法办？

2. 童鞋各子类目的市场交易额占比与变化趋势分析

利用 Excel 分析童鞋各子类目的市场成交量、销售额占比及变化，选择市场销售额占比高、未来有增长的子类目。

1）分析童鞋行业内，各子类目交易额占比

以淘宝为例，在淘宝平台童鞋各子类目中，运动鞋的交易额占比最高，如图 1-1-11 所示。

童鞋子类目数据分析

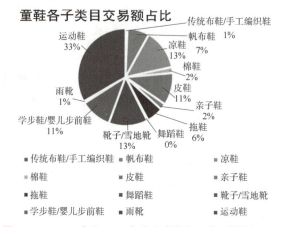

图 1-1-11 2019 年和 2020 年淘宝童鞋各子类目销售额占比

2）分析童鞋子类目运动鞋的市场交易额及变化趋势

分析运动鞋近两年的市场交易额变化，添加趋势线，判断市场变化趋势，如图1-1-12所示。根据趋势线判断，运动鞋市场是一个增量市场。

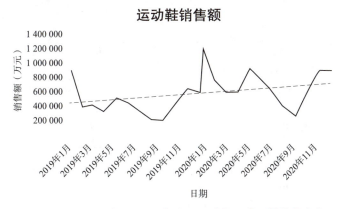

图1-1-12　2019年和2020年淘宝运动鞋子类目销售额变化

分析运动鞋一年内的销售额变化，以及销售高峰和低谷的时间节点，控制网络营销节奏，如图1-1-13所示。

图1-1-13　运动鞋销售额2020年月度变化

从图1-1-13可知，运动鞋的销售高峰期分别是1月和11月，需提前做好营销预热，增加库存。销售低谷是9月份，注意采购商品的数量。

3. 童鞋各子类目的市场竞争分析

市场访客户数与卖家数的供需比，能够从一个方面反映市场的竞争程度。一般蓝海市场的供需比高于红海市场的供需比。

计算童鞋各子类目的访客数与卖家数的比例，寻找供需比高的市场，计算结果如表1-1-2所示。

表1-1-2 童鞋各子类目供需比的计算结果

童鞋子类目	2019年访客数/卖家数的供需比			2020年访客数/卖家数的供需比		
	访客数/人	卖家数/家	供需比	访客数/人	卖家数/家	供需比
传统布鞋/手工编织鞋	17 801 075	4 704 574	4	31 261 975	18 942 653	2
帆布鞋	274 090 672	27 249 186	10	361 071 690	55 617 815	6
凉鞋	318 843 601	31 046 918	10	529 316 016	66 921 629	8
棉鞋	27 643 382	4 399 756	6	46 053 068	19 842 212	2
皮鞋	272 610 888	26 331 267	10	377 455 013	57 232 309	7
亲子鞋	116 355 292	12 809 410	9	234 951 112	51 518 351	5
拖鞋	145 679 591	18 150 674	8	255 191 038	39 501 481	6
舞蹈鞋	9 520 928	4 482 857	2	18 188 773	18 221 106	1
靴子/雪地靴	286 667 204	27 660 985	10	386 054 330	50 664 710	8
学步鞋/婴儿步前鞋	262 519 310	24 296 506	11	489 888 576	60 275 306	8
雨靴	24 205 670	5 192 085	5	38 934 473	31 412 211	1
运动鞋	606 730 934	39 179 081	15	977 955 427	89 892 963	11

通过计算发现，2019年和2020年运动鞋的供需比分别为15和11，超过其他各子类目，竞争激烈程度相对较低。

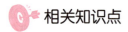相关知识点

营销环境是由对企业建立、维持与目标客户之间良好关系产生影响的，存在于营销活动之外的因素和力量构成[①]，包括宏观环境和微观环境。

宏观环境是对营销活动有更深远影响的长远环境，主要由政治、法律法规、社会文化、经济、科学技术等构成。这些环境影响所有市场参与者，决定着市场参与者的各种营销活动。

微观环境是企业运作环境，是与企业营销活动密切相关的因素，由市场行业环境、组织、顾客、竞争者、供应商和中间媒介等构成。市场行业环境也可称为中观环境，主要由该行业产业链上的供应商、生产商、中介商、服务商和需求终端构成。微观环境，由企业所处的与商品价值创造、传播、交换直接相关方构成。市场行业环境和微观环境与企业的发展和经营密切相关，直接制约和影响着企业的营销活动。

企业是营销环境的追随者、适应者和参与者，环境也是企业寻找市场机会、竞争差异化和竞争优势的来源。

小任务： 企业网络营销典型案例分析

一、网络市场调查

想一想

---

① 加里·阿姆斯特朗，菲利普·科特勒.市场营销学[M].赵占波，译.北京：机械工业出版社，2014：63.

为什么开展网络市场调查？

网络市场调查是市场调查在网络环境下的应用，是指个人或组织为了某个特定的营销目的，利用互联网技术及资源，收集整理市场信息，调查、研究并报告与特定市场（包括线上市场和线下市场）营销状况有关的数据和调查结果。

1. 直接资料调查和间接资料调查

网络市场调查，按照信息的来源，分为直接资料调查和间接资料调查。

直接资料调查是指为达到当前某个特定目的，通过网络收集一手资料或原始信息的过程。主要有观察法、专题讨论法、调查法和实验法。

间接资料调查是指网上二手资料的收集过程。二手资料是指已经加工过的次级资料，加工的目的是解决其他的问题而不是针对当前的问题，包括各种已有文档、文献等资料，以及专家研究、调研的结论等。

通过行业网站、专业机构网站、百度文库、公众号等网络资源，收集行业分析报告。收集到的资料，应注明来源和时间。

比如，登录艾瑞网，收集与母婴有关的新闻资讯和研究报告，如图1-1-14所示。

图 1-1-14　母婴行业资讯与研究报告收集

也可以通过其他网络渠道收集报告并进行整理归纳，如图1-1-15所示。

- MobData：2018年母婴消费市场研究报告.pdf
- 艾瑞咨询：2021年中国母婴市场消费趋势研究报告.pdf
- 巨量引擎：2021母婴行业白皮书.pdf
- 品木传媒：2018年母婴行业洞察.pdf

图 1-1-15　母婴行业分析报告整理

2. 定量调查和定性调查

网络市场调查，按调查研究的性质，分为定量调查和定性调查。

定量调查就是对一定数量的有代表性的样本进行统计分析，根据数据分析的结果得出结论的方法。网络定量调查获得数据的途径，主要有网络问卷调查、网络社区调查和网站访问数据收集等。

定性调查通常围绕一个特定的主题，获得有关研究对象潜在原因与动机的定性理解，具有小样本、非结构化和探索性研究的特点。网络定性调查主要有网络访谈、在线交流等方式，通常和定量调查相结合使用，是定量调查的重要补充。

谈一谈你对一手资料、二手资料的理解。

二、行业与类目

商品是如何分类的？

1. 行业

行业是一组生产同性质的产品的经营单位或个体的集合。

我国有国家标准《国民经济行业分类》（GB/T 4754—2017）。

2. 统计用产品分类

国家统计局发布的《统计用产品分类目录》，是对社会经济活动中的实物类产品和服务类产品进行的统一分类和编码。它适用于以实物类产品和服务类产品为对象的所有统计调查活动，以《国民经济行业分类》为基础，其产品大类与行业分类的大类基本一致。

3. 商贸企业产品的分类

我国零售企业对产品类别的分类有两种基本方法，一是从消费者的角度进行分类，二是从企业经营者角度进行分类。

1）从消费者的角度，按照消费者的需求及特征划分

按消费者的衣、食、住、用、行划分，有食品类、服装类、鞋帽类、日用品类、家具类、家用电器类、纺织品类、厨具类等。

按照消费者的需要层次划分，有基本生活品类、享受品类和发展品类等。

按照消费者购买行为划分，有日用品类、选购品类和特殊品类。

按照消费者的年龄和性别划分，有老年人用品类、中年用品类、青年用品类、儿童及婴儿用品类、女士用品类、男士用品类等。

2）从经营者的角度，按照经营管理产品的角度划分

按经营重要程度划分，可分为主营产品类、一般产品类和辅助产品类。主营产品类在销售额中占主要比重，是利润的主要来源；一般产品类是为了配合主营产品的销售，满足顾客的连带需要、例外需要的产品，在销售额中的占比较低；辅助产品类的作用是促进主

营产品类和一般产品类的销售，在销售额中占有的比重最低。

按产品销售的顺畅程度划分，有畅销产品类、平销产品类、滞销产品类和冷背产品类。

按产品质量及价格划分，有高档产品类、中档产品类和低档产品类。

从经营者的角度去进行分类，有利于商场的经营管理。

4. 网络零售商品类目的划分

1）淘宝、天猫

从淘宝和天猫的商家招商规则中可以发现，淘宝、天猫类目的划分主要有经营大类、一级类目。

2）京东商城

通过查看京东平台招商规则中的经营类目一览表，可以看出平台的类目划分标准。

登录天猫、京东和苏宁易购等电子商务平台，收集商品类目的划分，注意同一个商品在不同平台是否属于同一个类目，或者在同一个平台内是否同时属于不同的类目。

三、网络市场调查内容与分析

行业调查与分析的内容和目的是什么？

1. 网络市场调查的内容

网络市场调查的每一步都很重要，但是调查问题的界定和目标的确定是最重要的一步。只有清楚地了解网络市场调查的问题和目的，才能确定需要调查的内容。

从企业市场营销的角度来看，网络市场调查的内容涉及市场营销活动的整个过程，主要包括对网络营销环境、行业市场、市场竞争、网络消费者的需求与消费行为等的调查，如表1-1-3所示。

表1-1-3　网络市场调查的内容

调查项目	调查内容
市场环境调查	经济水平、技术水平、公共政策、法律、社会文化、竞争、人口统计、生活方式、购买力水平、行业发展现状与趋势等
市场需求调查	市场需求、需求结构、市场特征与细分、消费者行为等
市场供给调查	供应商的数量、产品生产能力、产品数量、质量、功能、型号、品牌等
市场竞争调查	市场份额、品牌与形象、竞争对手、竞争策略与方法、竞争行为与现状等
市场营销组合因素的调查	企业产品、价格、渠道和促销、顾客需求、成本、方便性和沟通、客户服务与客户关系管理

2. 行业调查与分析

行业产业链，即围绕产品的制造而构建的相互协调的行业供应链，涉及供应商、生产商、分销商、批发商、零售商和消费者多个环节。

产品价值链，即由行业产业链上的企业，按照一定的经营模式，构建的商品价值创造、传播和交换链。

行业市场包括市场需求、市场规模、交易场所、市场格局、市场竞争、市场交易辅助服务。通过行业分析，了解行业的概况，为细分市场、选择目标市场、进行产品差异化设计和市场定位以及确定网络营销策略和开展网络营销活动提供支持。

收集行业规模和变化数据，分析确定行业的容量和变化趋势。如果行业交易额的发展趋势是逐渐增加的，则市场机会大；如果行业交易额增幅小，甚至出现负增长，则市场竞争激烈；如果行业变化激烈，则一般机会多、风险大，选择时要谨慎。

收集行业品牌数据，分析行业品牌的市场份额和集中度，判断市场垄断程度。通过消费者需求和卖家的比例，判断行业的竞争程度。

网络营销从业者，要时刻注意网络营销环境的影响因素及其变化，发现和掌握网络营销发展的趋势和方向，构建适合网络环境的营销体系，确定与之相匹配的营销策略，进行适合的网络营销活动。这样才能取得竞争优势，持续地为顾客创造价值。

维护产业链供应链安全

图 1-1-16 是某行业的一周单日销量和半年的日均销量，根据该图，判断这个行业是正增长，还是负增长？

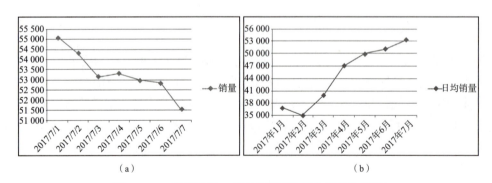

图 1-1-16 某行业的一周单日销量和半年的日均销量

（a）一周单日销量；（b）上半年日均销量走势

四、撰写行业调查报告

如何撰写调查报告？

 学一学

中国互联网发展统计报告

市场调查报告

调查报告是调研人员根据收集到的资料，围绕调研目的，经分析研究而形成的有关调查结果、研究结论及建议的书面报告。

调查报告的结构一般包括标题、目录、摘要、正文、结论和建议、附件等部分。

1）标题

标题须准确地揭示报告的主题，简单明了，高度概括。标题的类型有直述式、表明观点式和提出问题式等不同形式。

2）目录

目录可以使阅读者对调查报告的整体框架有一个大体的了解。

3）摘要

摘要主要说明调查目的、调查对象、调查内容、调查方法、调查结论等。

摘要是对调查报告的高度概括，篇幅要短，用语精练。

4）正文

正文部分应该包括以下内容：阐述本次调查设计的调查内容和调查项目；阐述每个调查内容或项目的调查结果与结论，并阐述得出结论的原因。正文是调查报告最重要的部分，是调查结论的有力支撑。

5）结论和建议

结论和建议是调查报告的主要目的，是决策者决策的依据。

6）附件

附件一般包括调查问卷、数据汇总、调研分析技术、原始资料等内容。

 考一考

如何提高行业调查报告的质量？

_____
_____
_____

 任务单

一、任务指导书

目标行业市场调查的任务指导书如表 1-1-4 所示。

📖 提示

完成任务，并填写本组考核表。

表1-1-4 任务指导书

任务名称			
成员分工		时间	
任务重点	行业界定、行业资料的收集与分析		
任务难点	行业报告的撰写		
任务资源	中国互联网数据平台、艾瑞咨询网、阿里研究院、行业网站		
任务内容	选择目标行业，完成行业市场环境和市场交易额调查： 1. 行业界定和认知； 2. 行业市场调查的工具、方法，以及网络资源； 3. 收集行业信息，分析行业构成、交易额和竞争状况； 4. 能够根据行业现状、竞争状况、发展前景的调查与分析，阐述拟进入某一个子行业的理由		
评价	自评　　组评　　组间评　　教师评　　第三方评		

二、任务评价标准

1. 评价方式

自我评价、任务小组组长评价、小组互评、指导教师评价。

2. 评价内容

团队协作，任务清单完成的数量和质量，任务的逻辑性，专业知识的掌握和应用，方法和能力的提升。本任务评价权重如表1-1-5所示。

表1-1-5 任务评价权重

评价维度		评价内容	配分	得分
产品行业资料的收集（20%）	1	行业分类	5	
	2	行业资料来源	5	
	3	行业资料数量	5	
	4	行业资料质量	5	
产品行业信息收集（30%）	5	明确需要调查的信息维度和内容	10	
	6	收集信息的质量	10	
	7	收集信息的时效性	5	
	8	信息的分析	5	
相关知识（30%）	9	行业与类目	10	
	10	行业市场调查	10	

续表

评价维度		评价内容	配分	得分
	11	市场调查报告	5	
	12	行业市场分析	5	
职业素养（20%）	13	团队参与度	5	
	14	工作态度和质量	5	
	15	纪律与出勤	5	
	16	报告的严谨性和有效性	5	

任务拓展

1. 如何收集到高质量的行业分析报告？
_____

2. 以思维导图的形式，归纳整理行业调查需要收集的信息维度和内容。
_____

知识巩固与拓展

一、知识巩固

1. 请选择 3~5 个核心关键词，表达本任务的主要知识点。
_____

2. 请以思维导图的形式，归纳整理本任务的知识体系。
_____

3. 完成在线测试。
_____

二、拓展

1. 网络市场调查与传统调查的区别主要是哪些？
_____

2. 梳理自己所掌握的知识体系，并与同学相互交流、研讨；以思维导图的形式，归纳整理行业调查的基本步骤、方法和内容。
_____
_____

 网站

在线试题：目标行业市场调查

自我分析与总结

自我分析
学习中的难点和困惑点

_____
_____
_____
_____
_____
_____
_____
_____
_____

总结提高
完成本任务需要掌握的核心知识点和技能点

_____
_____
_____
_____

完成本任务的典型过程

_____
_____
_____
_____

继续深入学习提高
需要继续深入学习的知识点与技能点清单

_____
_____
_____
_____
_____
_____
_____
_____

任务二　网络消费者调查

学习目标

通过本任务的学习，学生应达到以下目标。

一、知识目标

1. 掌握网络消费者行为模型的种类和内涵。
2. 掌握网络消费者购买决策过程。
3. 掌握影响网络消费者购买行为的因素。
4. 掌握网络消费者标签的内容。
5. 了解个性化营销的应用。

二、能力目标

1. 能够调查网络消费者的基本属性、需求和行为。
2. 能够通过网络收集网络消费者研究报告，收集网络消费者信息。
3. 能够通过网络问卷，调研网络消费者。
4. 能够构建网络消费者标签，并应用于网络营销中。

任务导入

● 任务内容

为了进一步提高母婴类网店开设的成功率，小王希望进一步了解淘宝平台母婴子类目运动鞋消费者的主要职业分布、年龄分布、价格分布、购买时间和产品卖点。

● 任务分析与实施

网络时代，消费者时刻处于大量信息的包围之中。此时，只有符合网络消费者特征和需求的信息，消费者才会感知，才能影响消费者的行为。网络消费者调查流程如图1-2-1所示。

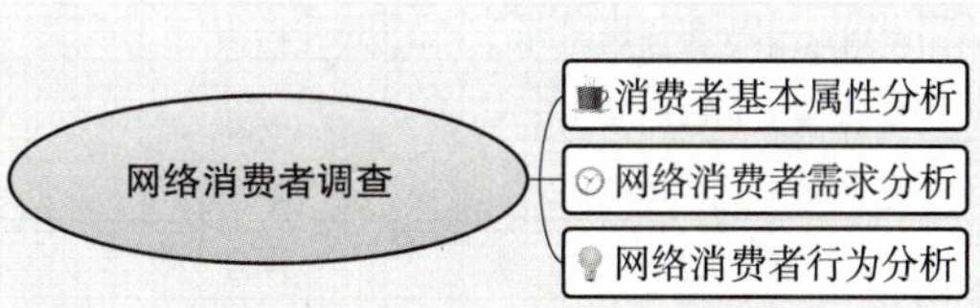

图1-2-1　网络消费者调查流程

步骤一　消费者基本属性分析

消费者基本属性有哪些？

1. 收集消费者分析报告，调查消费者的属性

收集艾瑞咨询的《2021年中国母婴市场消费趋势研究报告》，获得母婴类消费者基础画像，如图1-2-2所示。

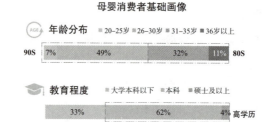

图 1-2-2 母婴类目消费者基础画像

2. 通过淘宝平台母婴/童鞋/运动鞋消费者数据，进行消费者基本属性分析

（1）通过淘宝生意参谋，获得童鞋运动鞋消费者数据，如表1-2-1所示。

表1-2-1 淘宝母婴/童鞋/运动鞋消费者数据

类目	属性	属性名称	客群数量/人
母婴/童鞋/运动鞋	职业	公司职员	171 092
母婴/童鞋/运动鞋	职业	个体经营/服务人员	90 932
母婴/童鞋/运动鞋	职业	教职工	47 844
母婴/童鞋/运动鞋	职业	学生	43 546
母婴/童鞋/运动鞋	职业	医务人员	35 639
母婴/童鞋/运动鞋	职业	公务员	18 794
母婴/童鞋/运动鞋	职业	金融从业者	14 153
母婴/童鞋/运动鞋	职业	工人	9 511
母婴/童鞋/运动鞋	职业	媒体从业者	3 495
母婴/童鞋/运动鞋	职业	科研人员	1 318
母婴/童鞋/运动鞋	省份	广东省	73 227
母婴/童鞋/运动鞋	省份	江苏省	46 411
母婴/童鞋/运动鞋	省份	浙江省	44 177
母婴/童鞋/运动鞋	省份	山东省	29 738
母婴/童鞋/运动鞋	省份	四川省	29 623
母婴/童鞋/运动鞋	省份	上海	26 128
母婴/童鞋/运动鞋	省份	河南省	25 956
母婴/童鞋/运动鞋	省份	湖北省	23 263
母婴/童鞋/运动鞋	省份	福建省	23 034

（2）利用Excel工具分析，获知母婴/童鞋/运动鞋消费者的职业分布中，公司职员占比最高，为39%，如图1-2-3所示；年龄分布中，18~24岁占比最高，为28%，如图1-2-4所示。

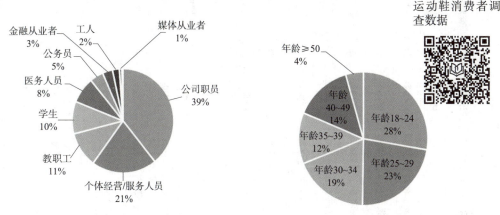

图1-2-3　淘宝童鞋运动鞋消费者职业分布　　图1-2-4　淘宝童鞋运动鞋消费者年龄分布

步骤二　网络消费者需求分析

结合自身拟准备购买的商品，谈谈你的需求。

1. 收集消费者分析报告，获得消费者需求信息

收集艾瑞咨询的《2021年中国母婴市场消费趋势研究报告》，根据该报告可知，对于母婴类消费者来说，对宝宝穿或用的接触皮肤类的产品，舒适度是他们关注的重要因素，同时材质也是关注重点，如图1-2-5所示。

2. 通过淘宝平台母婴/童鞋/运动鞋消费者数据，进行消费者需求分析

（1）通过淘宝生意参谋，获得童鞋运动鞋消费者需求数据，如表1-2-2所示。

（2）利用Excel进行分析，可知在30天的销售额中，卖点为透气的产品销售额占比最高，为60%，如图1-2-6所示；鞋底材质为EVA的产品销售额占比最高，为42%，如图1-2-7所示。

图1-2-5　母婴类消费者产品需求分析

表1-2-2 童鞋运动鞋消费者产品需求信息

序号	宝贝标题	销售价最高/元	30天销量/元	30天销售额/元	店铺信誉	一级类目	二级类目	运动鞋分类	卖点	鞋底材质	风格
1	男童鞋子儿童网鞋2021新款春秋夏椰子鞋透气网面中大童潮运动童鞋	69.9	32 471	2 269 722.9	3冠	童鞋/婴儿鞋/亲子鞋	运动鞋	休闲鞋	透气	橡胶	休闲
2	木木屋毛毛虫童鞋男童春夏季宝宝2021新款女	79.99	29 788	2 382 742.12	3金冠	童鞋/婴儿鞋/亲子鞋	运动鞋	休闲鞋	防滑	EVA	休闲
3	巴布豆男童鞋子春秋鞋2021年新款男童运动鞋透气网面大童款春款童运动鞋	69.9	22 042	1 408 483.8	2冠	童鞋/婴儿鞋/亲子鞋	运动鞋	休闲鞋	透气	复合底	休闲
4	贵人鸟男童椰子2021新款篮球运动鞋网鞋春秋款春童运动鞋	94.9	19 144	1 816 765.6	1金冠	童鞋/婴儿鞋/亲子鞋	运动鞋	休闲鞋	透气	复合底	运动
5	巴布豆男童鞋儿童运动鞋子春秋透气中大童网鞋女春款童鞋夏季中大童鞋	89.9	14 058	1 263 814.2	1金冠	童鞋/婴儿鞋/亲子鞋	运动鞋	休闲鞋	透气	TPR（牛筋）	简约
6	儿童运动鞋2021新款春秋冬季男童鞋子透气中大童网面女童网鞋	69.9	13 599	950 570.1	5冠	童鞋/婴儿鞋/亲子鞋	运动鞋	休闲鞋	透气	塑胶	休闲
7	回力童鞋男童网面运动鞋休闲鞋春秋新款	39.9	11 440	456 456	3冠	童鞋/婴儿鞋/亲子鞋	运动鞋	全能鞋	透气	天然橡胶	运动
8	巴布豆童鞋透气男童2021年新款中大童运动鞋春夏款	69	11 252	708 876	4冠	童鞋/婴儿鞋/亲子鞋	运动鞋	跑步鞋	透气	EVA	运动
9	特步童鞋男童2021新款男孩中大童透气网鞋春夏新款小童子飞织	38.8	13 380	519 144	3冠	童鞋/婴儿鞋/亲子鞋	运动鞋	休闲鞋	防滑	复合底	休闲
10	特步2021年夏季男童鞋春夏跑步鞋中大童运动鞋透气网鞋春秋款男孩中大童子潮	119.9	15 450	1 852 455	1金冠	童鞋/婴儿鞋/亲子鞋	运动鞋	跑步鞋	防滑	天然橡胶	运动
11	女童鞋子2021年新款男童鞋春夏季运动鞋儿童单鞋小白鞋子透气网面老爹鞋	45	12 360	518 378.4	3冠	童鞋/婴儿鞋/亲子鞋	运动鞋	休闲鞋	防滑	天然橡胶	休闲
12	巴巴鸭儿童运动鞋椰子鞋男童网面鞋子2021春季新款女童鞋宝宝透气	75	12 690	951 750	3金冠	童鞋/婴儿鞋/亲子鞋	运动鞋	休闲鞋	轻便	PU	休闲
13	牧童机洗童鞋春夏新款男童运动鞋飞织网面透气中大童儿童跑步鞋	86	13 739	1 181 554	3金冠	童鞋/婴儿鞋/亲子鞋	运动鞋	休闲鞋	透气	EVA	休闲
14	男童女童鞋春夏童鞋2021新款春季宝宝椰子鞋透气中大童儿童跑步鞋子	29.9	12 986	388 281.4	4冠	童鞋/婴儿鞋/亲子鞋	运动鞋	休闲鞋	透气	防滑橡胶	休闲
15	巴布豆男童鞋2021夏季新款运动鞋透气网面小中大童	69.9	9 817	627 306.3	5冠	童鞋/婴儿鞋/亲子鞋	运动鞋	休闲鞋	透气	复合底	休闲
16	女童鞋子2021新款女童鞋运动鞋儿童网鞋夏季透气网面老爹鞋中大童	69.8	10 683	745 673.4	5冠	童鞋/婴儿鞋/亲子鞋	运动鞋	休闲鞋	透气	防滑橡胶	休闲
17	女童运动鞋2021年春新款儿童鞋子椰子鞋春秋男童鞋老爹鞋中大童	44.9	10 160	425704	3冠	童鞋/婴儿鞋/亲子鞋	运动鞋	休闲鞋	防滑	PU	休闲
18	女童鞋2021夏新款女孩大童运动鞋透气网面网鞋子	75	11 113	766 797	1金冠	童鞋/婴儿鞋/亲子鞋	运动鞋	休闲鞋	透气	TPR（牛筋）	休闲
19	安踏童鞋男童运动鞋网面透气网鞋官网旗舰2021夏新款大童跑鞋	139	13 213	1 836 607	3金冠	童鞋/婴儿鞋/亲子鞋	运动鞋	跑步鞋	透气	EVA	运动

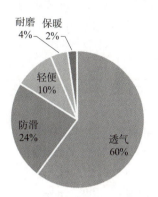
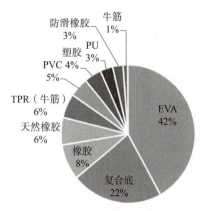

图 1-2-6　童鞋运动鞋卖点分析　　图 1-2-7　童鞋运动鞋材质分析

步骤三　网络消费者行为分析

网络消费者行为分析的内容和作用是什么？

1. 收集消费者分析报告，获得消费者行为数据

收集艾瑞咨询的《2021年中国母婴市场消费趋势研究报告》，根据该报告可知，母婴类消费者购买渠道以线上为主，如图1-2-8所示。

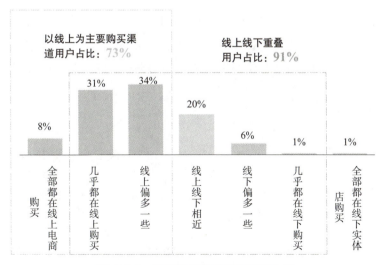

图 1-2-8　母婴类消费者购买渠道分析

2. 通过淘宝平台母婴/童鞋/运动鞋消费者数据，进行消费者进店流量分析

（1）通过淘宝生意参谋，获得童鞋运动鞋消费者进店流量分布数据，如表1-2-3所示。

表1-2-3 童鞋运动鞋消费者进店流量

统计日期	星期	统计小时	访客数/人	浏览量/次	无线端访客数/人	PC端访客数/人
2020/4/1	星期三	0	111 078	222 156	111 078	0
2020/4/1	星期三	1	24 684	246 840	24 684	0
2020/4/1	星期三	2	74 052	111 078	61 710	12 342
2020/4/1	星期三	3	12 342	12 342	12 342	0
2020/4/1	星期三	4	37 026	49 368	37 026	0
2020/4/1	星期三	5	37 026	37 026	37 026	0
2020/4/1	星期三	6	12 342	49 368	12 342	0
2020/4/1	星期三	7	86 394	135 762	86 394	0
2020/4/1	星期三	8	345 576	481 338	345 576	0
2020/4/1	星期三	9	345 576	666 468	308 550	37 026
2020/4/1	星期三	10	444 312	1 357 620	382 602	61 710
2020/4/1	星期三	11	407 286	1 974 720	382 602	24 684
2020/4/1	星期三	12	629 442	1 493 382	629 442	0
2020/4/1	星期三	13	913 308	1 616 802	876 282	37 026
2020/4/1	星期三	14	654 126	1 184 832	604 758	49 368
2020/4/1	星期三	15	604 758	1 308 252	580 074	24 684
2020/4/1	星期三	16	567 732	876 282	481 338	86 394
2020/4/1	星期三	17	530 706	851 598	468 996	61 710

（2）利用Excel进行分析，获知2021年4月份，以小时为单位，消费者一天当中的进店高峰时间为20点—22点，如图1-2-9所示；以周为单位，消费者进店高峰为星期日和星期三，如图1-2-10所示；4月份消费者进店平均浏览深度（浏览量/访客数）为2.29。

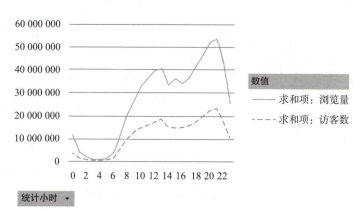

图1-2-9 网店小时流量分析

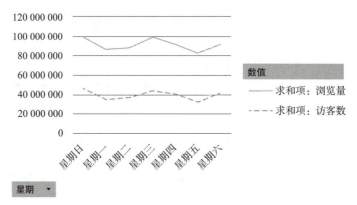

图 1-2-10 网店周流量分析

 相关知识点

一、消费者行为

说一说你在网络购物过程中的心理过程和购买行为过程。你是如何收集信息、做出决策的?

网络营销中,企业创造和传播价值,是围绕着消费者进行的。

1. 消费者行为概念和模型

美国市场营销学会将消费者行为定义为"感知、认知、行为以及环境因素的动态互动过程,是人类履行生活中交易职能的行为基础",即通过消费者自身和外界的动态互动,实现交易。

习近平论把握人口变化趋势性特征

霍金斯、贝斯特等在《消费者行为学》中,将消费者行为学定义为研究个体、群体和组织为了满足需要和欲望而选择、获取、使用和处置产品、服务、体验和想法,以及由此对消费者和社会产生的影响,包括影响这一活动和过程的各种因素的科学。消费者购买过程和影响因素,如图 1-2-11 所示。

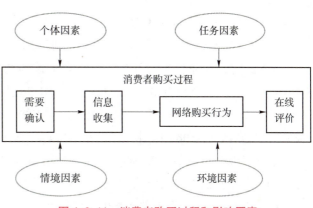

图 1-2-11 消费者购买过程和影响因素

消费者心理和行为模型阐述了消费者行为（购买）过程的形成，各阶段因素的相互影响关系，以及由此产生的营销问题与营销机会。

1）AIDMA 消费心理和行为模型

美国广告学家 E.S. 刘易斯在 1898 年提出 AIDMA 消费心理和行为模型，即 Attention（引起注意）、Interest（引起兴趣）、Desire（唤起欲望）、Memory（留下记忆）、Action（购买行动）。消费者先是注意到商品，然后对其产生兴趣，进而产生购买意愿，并形成记忆，最后采取购买行动。适合这种消费行为的营销策略关键点是"广而告之"，即由传统广告、活动、促销等营销手段所驱动，所以品牌企划、大众媒体、受众、媒介投放是营销业者的主要关注点。

2）AISAS 网络消费者行为模型

互联网作为一个全新的媒体介入社会生活，电视、广播、报纸等曾经的大众媒体被戴上了"传统"的标签。日本电通公司提出 AISAS 网络消费者行为分析模型，即 Attention（引起注意）、Interest（唤起兴趣）、Search（搜集）、Action（行动）和 Share（分享）。

与 AIDMA 不同的是，消费者在注意到商品并产生兴趣之后，通过搜索引擎技术主动进行信息搜集（Search）；产生购买行动之后，用论坛、博客、SNS 等技术平台进行信息分享（Share）。新技术下的搜索引擎广告、富媒体广告、品牌图形、视频弹窗等，本质上都是在"广而告之"，目的是引起注意、唤起兴趣。营销活动的核心驱动虽然依然是"广而告之"，但用户的分享影响了其他用户的注意、兴趣、搜集和行动等主动性行为。针对搜索的 SEO（Search Engine Optimization，搜索引擎优化）和 SEM（Search Engine Marketing，搜索引擎营销），消费者的购后评论，网页的点击率、转化率是网络营销业者的重要关注点。

3）ISMAS 移动网络消费者行为模型

数字时代，Web2.0、移动互联网创造了传统媒体乃至传统互联网媒体无法比拟的全新传播、营销生态。网络营销活动发生了变化，从以吸引注意为首要任务过渡到以消费者兴趣为出发点、以媒体为中心的营销模式。北京大学刘德寰教授针对此现象提出了移动互联网时代的 ISMAS 移动网络消费者行为模型（兴趣、搜索、口碑、行动、分享）。

4）SICAS 消费者行为模型

DCCI 互联网数据中心针对数字时代网络用户感知、接触、交互、决策、购买、体验、分享的行为与路径更为开放、复杂和多维的特点，提出了 SICAS 消费者行为模型。SICAS 模型是一个全景模型，它包括品牌—用户互相感知（Sense）、产生兴趣—形成互动（Interest&Interactive）、用户与品牌—商家建立连接—交互沟通（Connect&Communication）、行动—产生购买（Action）、体验—分享（Share）5 个阶段。

此时，网络营销的重点不是"广而告之"，而是基于用户连接的关系匹配与兴趣耦合。用户拥有分享方面的巨大优势，与更多的好友共同体验、分享，成为效率更高和更具影响力的营销信息传递渠道和消费影响的来源。

2. 网络消费者行为影响因素

消费者行为研究主要包括两部分，即消费者的购买过程和影响因素。消费者行为研究是对消费者购买相关产品或者服务的消费心理、消费行为及影响心理活动、实体活动的各种因素的研究。

消费者的特征、产品的特征、网络平台的特征、网站的特征和环境，都对消费者行为产生影响。概括而言，影响因素包括个体因素、任务因素、情境因素和环境因素。

1）个体因素

个体因素反映了消费者之间的差异。

消费者的个体特征包括人口统计学特征、心理特征和心理活动。这些特征影响网络消费者购买态度和意图的形成。不同消费者拥有不同的心理特征和活动，对风险、可控制性、趣味性需求、成本、收益和价值的感知是不同的，会形成不同的购买态度。

2）任务因素

任务因素是个体在进行不同购买任务时影响行为的因素，包括购买商品的性能、价格、品牌等。

不同特征的消费者，对购买任务的认知、能够投入的时间与精力、知识经验、预期收益等也是不同的。

一个理性的经济人，会衡量网络购物带来的收益与付出的成本，取得收益的最大化。而企业营销人员，就需要尽可能给用户带来收益，降低其付出的成本，特别是风险成本、时间、精力等隐性成本。

3）情境因素

情境是消费者在购买活动中面临的微观时空环境，主要是企业营造的营销环境。

情境因素包括购买活动发生时的购物环境、广告、应用场景、折扣等促销活动、消费互动等微观时空环境因素。产品、价格、渠道、促销在传统购物中是影响购买行为的可控因素，而在网络购物的环境下，正是这些因素影响着消费者。

伟大成就：中国网信事业发展

4）环境因素

环境因素是对消费者有影响的宏观环境和微观环境，包括文化、社会、法律、政策、经济等因素。

任务因素、情境因素和环境因素，通过影响消费者的感觉、心理和态度，使他们形成不同的认知，从而影响消费者行为。

3. 网络消费购买过程

购买过程包括购买决策过程和购买行为过程。

购买决策是消费者在购买、使用和处置产品和服务过程中的心理活动和行为倾向，属于消费态度的形成过程。

购买行为过程一般而言,分为需要确认、信息收集、购买活动、购后评价四个阶段。在现实的消费生活中,消费者行为的这四个部分相互渗透、相互影响,共同构成了消费者行为的完整过程。

1)需要确认

需要和欲望是对缺乏之物力求获得满足的心理倾向,是个体进行活动的动机。网络环境下,消费者信息接收点来自全网,网络广告、社交媒体的分享、网络直播、朋友圈,都能刺激消费者,产生需求。

2)信息收集

消费者在决策时,需要信息的支撑。消费者信息收集主要包括选择信息收集工具、选择网络渠道(网络信息渠道、网络购买渠道)和网络信息搜寻行为。

消费者对信息需求的认知、信息渠道的选择、搜寻的收益预期和信息的搜寻行为,影响了信息收集的质量。

消费者对信息需求的认知主要包括信息清晰度和信息需求量的认知。

情境、人口统计学因素、消费者感知的成本与预期的收益,是影响消费者信息搜寻行为的三类重要因素。[①]

3)购买活动

购买活动是指消费者确定是否购买,购买何种产品,在哪购买,何时购买,购买多少等。

通过5H1W(Who、What、Why、When、Where、How),对网络用户购物行为进行系统的分析,有助于进一步理解网络消费者的消费行为。

Who:网民是网上购物者的基础,哪些网民能够转化为网上购物者?其来源于何处,有何特点?对网络消费者的分析,有助于网络营销产品的定位、促销活动的策划和个性化商品的促销。

What:上网购买哪些产品和服务?这些问题的解决,有助于网络营销者有针对性地策划网络营销活动,并根据消费者需求提供产品和服务。

Why:为什么在网上购物?探寻网上购买行为的动机,有助于网络营销者确定促销策略,激发和引导网络购物行为。

When:何时上网购物?图1-2-12为某"双十一"期间顾客下单时间分布。在搜索引擎推广中,需要根据流量的分布,确定关键词推广的时间段。而在网店经营中,也需要合理地布局商品上下架的时间。

Where:消费者习惯在哪个网站购物?喜欢浏览的网站有哪些?这些问题的解决,有助于网络营销者确定在哪个网站做广告。企业应根据购物网站的特点,设计具有针对性的产品、服务和推广活动。

How:以何种方式上网购物?如何查找购物信息?如何购物?喜欢的支付方式有哪

---

① 刘业政,姜元春,张结魁,等.网络消费者行为:理论方法及应用[M].北京:科学出版社,2011:46.

些？消费者的网络购物行为，直接决定了企业网络营销推广的方式与方法。移动互联网的发展和社交媒体的广泛应用，让网络用户的购物行为发生了很大的变化。

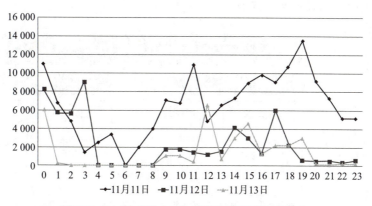

图 1-2-12　某"双十一"期间顾客下单时间分布

4）购后评价

网络环境下，消费者态度的形成更多地受已购消费者的评论的影响。消费者的好评数量、有图片的评论数量、描述评分、追加评论数量等因素对消费者购买决策有显著影响。

移动社交和自媒体的出现，使消费者评价的渠道多样化，既有在线评价，也可以分享到朋友圈，形成网络口碑。与网络广告、产品描述等企业提供的信息相比，网络口碑对消费者而言，更具有参考价值。

1. 消费者行为模型有哪些？简述其含义和应用。
2. 运用消费者行为模型，谈谈自己的购物行为。

二、网络消费者分析

打开你手机上的淘宝、抖音等 App，同学间互相对比，看看各自的界面内容是否一致？

1. 网络消费者分析

对消费者购买什么商品或者服务、为什么买、何时买、在哪买、如何买、如何用、用后如何处理，即消费者行为的研究，是企业确定营销策略的起点和落脚点。从网络市场分析、网络营销策略的确定，到网络营销推广活动策划和实施、网络客户关系管理，都离不

职业素养

"滴滴出行" APP 下架、安全审查和处罚决定

致趣科技《世界级 B2B 公司如何通过用户画像营销助力获客转化》

开消费者行为研究（见图 1-2-13）。

消费者行为研究的目的是揭示和描述消费者行为及其规律，预测、引导消费者行为，实现销售。

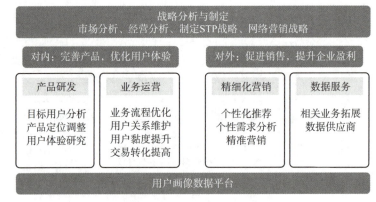

图 1-2-13　消费者行为研究

通过对网络消费者的分析，能够细分市场、确保为消费者提供有价值的产品和服务。

通过对消费者在网站上浏览、下单等行为的分析，可以分析页面结构设计、交易流程设计的合理性，为网站优化、推广提供支持。

通过对网络消费者的分析，确定访客来自什么地域、有什么消费习惯，从而制定具有针对性的促销策略，进行精准推广。引入高质量的流量，提高转化率和客单价，提高销售额。

例如，如果产品主要消费者群体是来自南方地区、喜欢休闲风格、对价格不敏感的中高端客户。那么进行竞价关键词推广的时候，注意推广区域主要在南方，标题中的关键词要和休闲风格相关，要有意识地避免进行低价促销活动。

在进行消费者数据分析时，要注意数据的安全性和用户隐私的保护，一定要遵守商业道德和职业道德。

通过客户分析，能够提供有针对性的客户服务，提高客户满意度和品牌忠诚度。

通过对用户行为数据的挖掘，分析消费者的个性，构建用户标签和画像，实现精准营销。

1）淘宝的个性化营销

淘宝网站基于消费者以往的网络浏览行为、购买习惯及兴趣偏好等数据，判断消费者的需求，针对不同消费者的标签、行为和爱好，推送个性化的页面，实现"千人千面"，提高消费者满意度。

亚马逊：利用大数据实现精准营销

例如，你的消费者标签是低收入人群，搜索"鞋女"的时候，展现在你面前的就是低价位的女鞋；而如果是高收入人群，搜索"鞋女"，展现你面前的就是中高价位的商品。

"千人千面"基于推荐算法。这一算法能从细分类目中抓取那些

特征与买家的兴趣爱好相匹配的产品进行推广，根据目标客户的兴趣爱好将相关的产品展现在客户所浏览的网页上，即根据不同客户的兴趣爱好，推荐客户最感兴趣的产品，从而更好地实现精准营销。

2）亚马逊的精准营销和个性化推荐

如何在合适的时间、合适的地点，将合适的产品、正确的信息以合适的方式，提供给合适的人，实现"人—场景—商品"的最佳组合，是企业开展精准营销和个性化营销所追求的目标。

习近平论"精准"扶贫、抗疫和治污

亚马逊利用海量客户数据，分析用户信息，为每一位顾客量身定制、打造个性化的网络界面，帮助顾客在亚马逊找到感兴趣的商品，享受独一无二的购物体验，实现对顾客的个性化营销和精准营销，如图1-2-14所示。

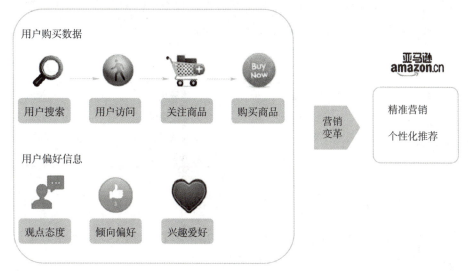

图 1-2-14　亚马逊基于用户分析的营销策略

（资料来源：艾瑞咨询，《大数据行业应用展望报告2013》）

2. 网络消费者标签

用户画像是根据用户的社会属性、生活习惯和消费行为等信息抽象出的一个标签化的用户模型。构建用户画像的核心工作是给用户贴标签，标签是通过对用户信息分析而形成的高度概括的特征标识。

用户标签建立的基本过程分为两步，首先获取和研究用户信息，其次对信息进行分析、分类，获得用户标签。

1）用户的信息分为两类，静态用户数据和动态用户数据

静态用户数据包括：个人属性数据，如性别、出生日期、年龄、地域、婚姻状况等；社会属性数据，如职业、收入、社交信息和兴趣爱好等；消费属性数据，如消费水平、品牌爱好、已购商品、购物频次和购物渠道等。静态用户数据可通过用户注册数据、用户事件获取，或利用论坛话题评论和调查问卷获取信息，并使用CRM（Customer Relationship

Management，客户关系管理）进行数据分析。

动态用户数据包括：用户浏览网站数据，如浏览页面及时间；用户行为数据，如点击、发表、转发、评论、点赞、下单、购买等行为的数据。用户动态数据主要通过用户浏览网站数据、用户行为数据、动态用户数据收集日志获取。

2）对收集到的用户数据信息进行分类和定性、定量分析，获得用户标签

阿里巴巴基于OneData数据体系，建立了"GProfile"全域用户档案的标签。从内容深度剖析，根据用户基础属性、地理属性、财富属性、信用属性、社交行为、互动行为、消费行为、偏好习惯，建立8类300多个标签。根据用户行为和内容偏好，给用户打上不同标签，例如"日剧爱好者""文艺青年"等。

2017年中国传媒大学广告学院与国家广告研究院联合研究发布的《新营销白皮书》，应用大数据分析消费者的基础信息、行为特征、真实状态、精神内核，完成对消费者的立体洞察，形成更深层、多维的网络消费者标签，如表1-2-4所示。

表1-2-4 消费者洞察的标签体系

基础信息	行为特征	真实状态	精神内核
人口属性 社会属性	生活场景 媒介习惯 消费行为	人生阶段 生活形态 兴趣爱好	心态 价值观 调性

结合所学的内容，分析你的网络购物心理、决策和行为过程，并讨论本任务中消费者分析的内容和网络营销的目的。

三、网络消费者信息收集的方法和工具

结合自身经历，谈谈你在网络上留下了哪些痕迹。

1. 信息收集的方法和工具

1）收集二手资料，调查网络消费者

艾瑞咨询、易观、阿里研究院、德勤等研究机构，分别发布了一系列网络消费者研究报告，如阿里研究院的《双11彰显七大消费趋势，Z世代引领消费新风》、德勤的《2019千禧一代年度调研报告》、艾瑞咨

小任务： 网络问卷调研

询的《2019 年中国信息流潜力市场展望报告》等。

2）通过网络问卷调查消费者需求

利用问卷星网站设计调查问卷，进行消费者需求调研。

登录学习通，完成小任务"网络问卷调研"。

3）通过网站进行网络消费者行为调查

网络账户是识别网络消费者的前提，有了网络账户，就能够记录和收集该账户的行为，为进一步分析奠定基础，也为个性化服务创造可能性。

通过网站日志可以清楚得知用户通过什么 IP 地址、在什么时间、用什么操作系统、用哪个浏览器、使用多高分辨率的显示器访问了网站的哪个页面，以及是否访问成功。

在网站安装统计工具，如百度统计（见图 1-2-15），可以统计流量来源与网站行为数据，包括用户的来源地区、入口路径、访问的页面和访问的时间、用户访问网站停留时间、跳出率、网站的回访者、回访次数、回访相隔天数等数据。（注：为保持原页面，截图中的千分撇全书均不作修改。）

图 1-2-15　百度统计网站统计页面

通过百度统计分析云，可以进一步进行用户来源分析、访问分析、转化分析、访客分析等，如图 1-2-16 所示。

图 1-2-16　百度统计分析云

4）利用关键词了解消费者

百度指数专业版是在百度海量搜索用户行为和需求分析的基础上，对关键词数据进行高度聚合，构建出一套市场需求监测、竞争分析、人群洞察、广告投放与效果评估的系统化数据服务平台。

在百度指数中，提交产品关键词，查看与该关键词有关的需求图谱、人群画像，其目的在于满足商业需求，创造营销价值。

百度指数"连衣裙"消费者信息收集

如何通过电商评论分析预测消费者需求

5）通过网络消费者的评论，了解网络消费者

消费者的购后评价，体现了其对消费过程的满意度及未满足的需求，对企业改进产品和服务、确定营销策略和开展营销活动具有指导意义。

网络环境下，消费者评价的渠道多样化，既有在线评价，也可以分享到朋友圈。

网络口碑，是消费者使用后的体验，与网络广告、产品描述等企业提供的信息相比，更能影响其他消费者的消费心理和行为。

"阅读云听 CEM 的案例《如何通过电商评论分析预测消费者需求》，了解如何应用八爪鱼采集技术，采集消费者的评论数据，应用 AI 和 NLP 自然语言处理技术，通过分词、词性标注、词向量、命名实体识别等，实现文本语义理解、情感正负向分析、典型意见挖掘，搭建结构化客户体验指标体系，洞察和了解消费者需求，预测消费者行为，并指导产品与服务的创新，提升品牌客户体验。比如，如图1-2-17所示，通过正负热词榜可知，"神器"一词的热度最高，从词性来看属于产品体验的范畴。通过词频表可知，提及次数位列前三的分别是"声音""双手""效果"，从三者词性的角度来看，较多的偏产品体验，同时也略有产品效果的属性。可见，消费者对扫地机器人一类的产品非常注重使用的过程以及是否有超预期的体验。因此对于品牌方而言，优化产品体验尤为重要。"

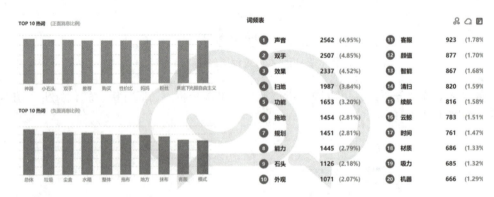

图1-2-17　扫地机器人客户关注焦点

易观国际网络消费者产品

6）利用专业市场调研产品，洞察网络消费者

艾瑞咨询的艾瑞指数，用自主研发 iUserTracker、mUserTrackerr 等工具，洞察 PC 用户、App 用户的行为，收集包括用户网络浏览的行为、软件使用

行为等详细信息，通过被监测样本的用户属性标签及多个用户行为竞争分析指标，反映中国互联网整体及不同用户市场的情况。

易观国际分析网络消费者的产品有易观方舟、易观千帆、易观万象。其中，易观方舟用更多更细的标签，描绘出更清晰的用户画像。

2. 淘宝网店消费者信息收集

对于开设在第三方电子商务交易平台的网店，可以利用平台提供的工具，了解网店消费者行为。比如，利用淘宝的生意参谋，可以看到各时段网站流量的来源和变化情况，以及用户浏览的页面路径、停留的时间等。

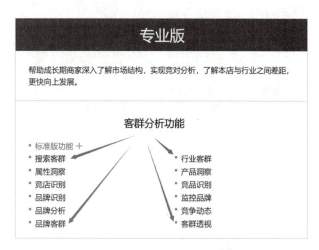

图 1-2-18　生意参谋专业版消费者分析

淘宝生意参谋的市场行情专业版提供了搜索客群、品牌客群、行业客群和客群透视四个客群分析功能模块，如图 1-2-18 所示。

通过搜索客群、品牌客群、行业客群、属性与产品等深度解析，支持在线多维客群透视，锁定热门人群特质及人群变化趋势，挖掘市场红海与蓝海。

网络消费者信息收集的方法和途径有哪些？将你知道的填入表 1-2-5。

表1-2-5　网络消费者信息收集的方法和工具

序号	信息和数据收集的方法和工具

一、任务指导书

网络消费者调查的任务指导书如表 1-2-6 所示。

表1-2-6　任务指导书

任务名称					
成员分工				时间	
任务重点	消费者标签，消费者信息收集工具和方法				
任务难点	消费者分析				
任务资源	艾瑞咨询网、中国电子商务研究中心、淘宝生意参谋				
任务内容	选择商品，开展网络消费者调查，应包含但不限于以下内容： 1. 网络消费者调查的目的和内容； 2. 网络消费者信息的收集工具； 3. 应用网络问卷调查消费者； 4. 构建网络消费者信息标签，并阐述潜在的应用； 5. 网络消费者调查的结论在网络营销中的潜在应用				
评价	自评	组评	组间评	教师评	第三方评

二、任务评价标准

1. 评价方式

自我评价、任务小组组长评价、小组互评、指导教师评价。

2. 评价内容

主要从团队协作、任务清单完成的数量和质量、任务的逻辑性、专业知识的掌握和应用、方法和能力的提升方面进行评价，如表1-2-7所示。

表1-2-7　任务评价权重

评价维度		评价内容	配分	得分
网络消费者资料的收集（20%）	1	网络消费者分析报告	5	
	2	网络问卷的设计	5	
	3	网络消费者行为工具	5	
	4	购后评论信息的收集	5	
任务实施（30%）	5	网络消费者特征	10	
	6	网络问卷	10	
	7	购后评价	5	
	8	网络消费者标签体系的建立	5	
相关知识（30%）	9	网络消费行为	10	
	10	网络消费者行为模型	10	
	11	网络消费者标签	5	
	12	个性化营销	5	
团队协作（20%）	13	参与度	10	
	14	工作质量	10	

任务拓展

网络消费者调查的目的和内容如何匹配？

_____
_____
_____

知识巩固与拓展

一、知识巩固

1. 请选择 3~5 个核心关键词，表达本任务的主要知识点。

_____
_____

2. 请以思维导图的形式，归纳整理本任务的知识体系。

_____
_____

3. 完成本任务在线测试题。

_____
_____

二、拓展

1. 收集网络消费者分析报告的网络资源有哪些？如何收集到高质量的网络消费者分析报告？

_____
_____
_____

2. 梳理自己所掌握的知识体系，并与同学相互交流、研讨；以思维导图的形式，归纳整理网络消费者信息的收集途径、方法、分析和应用。

_____

在线试题：网络消费者调查

_____
_____

自我分析与总结

自我分析
学习中的难点和困惑点

总结提高
完成本任务需要掌握的核心知识点和技能点

完成本任务的典型过程

继续深入学习提高
需要继续深入学习的知识点与技能点清单

任务三　网络市场细分与定位

学习目标

通过本任务的学习，学生应达到以下目标。

一、知识目标

1. 掌握市场细分的方法。
2. 掌握目标市场选择的方法。
3. 理解市场定位策略，掌握消费者定位、产品定位、价格定位和品牌定位。

二、能力目标

1. 能够选择市场细分的要素，对市场进行细分。
2. 能够应用目标市场选择策略，在市场细分的基础上，根据竞争策略，选择目标市场。
3. 能够应用市场定位策略，确定企业的市场竞争定位、商品定位和消费者定位。

任务导入

● 任务内容

小王作为新手，开始经营网店，处处受资金、能力的限制。为了降低新开店的风险，提高成功的可能性，小王希望能够集中现有的资源，发挥自己的优势，选择一个主攻的市场，站稳脚跟，再逐步扩展市场、发展壮大。目前希望在童鞋/凉鞋类目中选择细分市场，采取跟随策略，确定商品风格和价格，开设店铺。

● 任务分析与实施

市场细分是选择目标市场的前提，围绕着不同的细分标准，可形成不同规模、增长趋势和竞争程度的市场。目标市场的选择和定位，与企业的市场环境、自身的能力和竞争策略有关。市场定位非常重要的一点是商品的价格。网络市场细分与定位的基本步骤如图1-3-1所示。

图1-3-1　网络市场分析和定位的基本步骤

步骤一　网络市场细分

网络市场细分的标准是什么？

做一做

某平台童鞋/凉鞋市场数据，如表 1-3-1 所示。

表1-3-1 童鞋/凉鞋市场数据

序号	商品 id	销售价格/元	30 天销售额/元	店铺 id	店铺信誉	商品类目	风格	图案	适用年龄	适用性别
1	611412767727	15.9	792 912.8	111842246	5金冠	童鞋/凉鞋	卡通	小熊	9岁	女/男/中性
2	42117511436	99.9	3 019 377.6	114219808	2金冠	童鞋/凉鞋	休闲	小船	7岁	女/男/中性
3	613680484429	69.9	2 269 722.9	58840006	3冠	童鞋/凉鞋	休闲	企鹅	14岁	男/中性
4	635201281528	16.8	660 122.4	531393879	5冠	童鞋/凉鞋	卡通	建筑	3岁	女/男/中性
5	642427733468	179	4 266 465	106257736	5冠	童鞋/凉鞋	卡通	老虎	3岁	女/男
6	586672861970	64	1 801 737	492244404	1金冠	童鞋/凉鞋	休闲	老虎	10岁	女/男/中性
7	634246124943	19.8	626 392.8	569957496	5冠	童鞋/凉鞋	卡通	小鹿	3岁	女/男/中性
8	573946679035	79.99	2 382 742.12	1015358793	3金冠	童鞋/凉鞋	休闲	小船	10岁	女/男/中性
9	587598191785	59	1 588 752	111137040	5冠	童鞋/凉鞋	休闲	树木	10岁	女/男/中性
10	611632294189	37.45	859 325.4	234058202	4冠	童鞋/凉鞋	卡通	星星	3岁	中性
11	638932240367	29.9	695 922.5	334041305	1冠	童鞋/凉鞋	韩版	巴士	5岁	男
12	617542149702	64.9	14 084 838	119982944	2冠	童鞋/凉鞋	休闲	树木	4岁	女/男

（1）选择"适用性别"作为市场细分的要素，计算市场交易额和占比。利用 Excel 分析可以发现，"女/男/中性"的比例最高，占比为 53%；其次为"女"，占比为 20%，如图 1-3-2 所示。

（2）选择"风格"作为市场细分的要素。利用 Excel 分析可以发现，休闲风格占比最高，为 58%；其次是卡通风格，占比 15%，如图 1-3-3 所示。

童鞋/婴儿鞋/布鞋市场数据

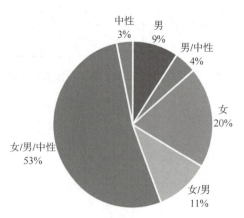

图 1-3-2 适用性别市场细分

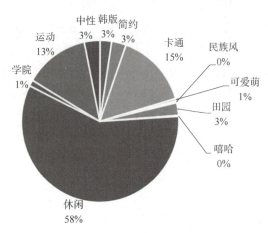

图 1-3-3 风格市场细分

（3）选择"图案"作为市场细分的要素，计算市场交易额和占比。利用 Excel 分析可以发现，树木和小船两种图案的市场占比最高，均为 12%，如图 1-3-4 所示。

（4）选择"价格"作为市场细分的要素，利用 Excel 中的 VLOOKUP 函数，以 20 元为价格间隔，计算各价格区间的销售额占比。从图 1-3-5 可以发现，60~80 元占比最高，为 19%；其次为 81~100 元。

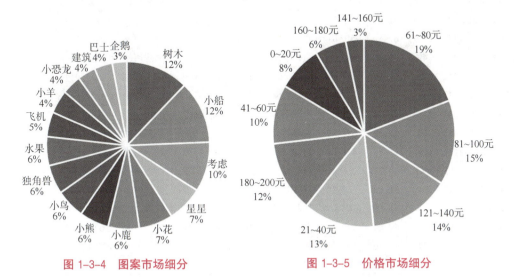

图 1-3-4　图案市场细分　　　　图 1-3-5　价格市场细分

步骤二　目标市场选择

 **想一想**

选择目标市场的标准是什么？

 学一学

（1）选择市场销售额占比高的细分市场为目标市场

在选择"女/男/中性"细分市场的基础上，选择"休闲"和"卡通"细分市场为目标市场。分析该市场的价格区间，如图 1-3-6 所示，61~80 占比最高，其次是 41~60 元和 81~100 元的价格区间。

选择 41~100 元的价格区间，作为目标市场。

（2）市场集中度分析

通过计算，反映市场集中度的赫芬达尔指数为 0.061，可以判断市场分散，没有垄断，对新进入的企业来说仍有机会。市场集中度分析如表 1-3-2 所示。

生意参谋市场洞察 – 市场红蓝海新产品功能介绍

淘宝生意参谋如何寻找竞店

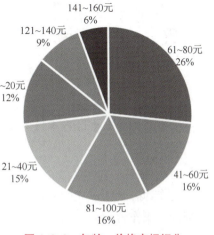

图 1-3-6　年龄、价格市场细分

表 1-3-2 市场集中度分析

序号	商品 id	销售价格/元	价格区间/元	30 天销售额/元	商品类目	风格	图案	适用年龄	适用性别	市场份额	赫芬达尔指数
2	42117511436	99.9	81~100	3019377.6	童鞋/凉鞋	休闲	小船	7岁	女/男/中性	0.138795692	0.061287894
6	586672861970	64	61~80	1801737	童鞋/凉鞋	休闲	老虎	10岁	女/男/中性	0.082822809	
8	573946679035	79.99	61~80	2382742.1	童鞋/凉鞋	休闲	小船	10岁	女/男/中性	0.109530633	
9	587598191785	59	41~60	1588752	童鞋/凉鞋	休闲	树木	10岁	女/男/中性	0.073032248	
22	617104701350	69.9	61~80	950570.1	童鞋/凉鞋	休闲	老虎	18个月	女/男/中性	0.043696103	
25	637050374009	49	41~60	685853	童鞋/凉鞋	休闲	巴士	7岁	女/男/中性	0.031527505	
31	599393527413	75	61~80	951750	童鞋/凉鞋	休闲	老虎	8岁	女/男/中性	0.043750341	
32	564172261822	69	61~80	712149	童鞋/凉鞋	休闲	飞机	12个月	女/男/中性	0.032736287	
34	625100262044	42.8	41~60	437672.8	童鞋/凉鞋	休闲	建筑	6个月	女/男/中性	0.02011908	
51	573955826862	69	61~80	670197	童鞋/凉鞋	休闲	小熊	9岁	女/男/中性	0.030807825	
52	638667208479	42.4	41~60	425704	童鞋/凉鞋	休闲	树木	2岁	女/男/中性	0.019568894	
62	558085773403	89.9	81~100	739966.9	童鞋/凉鞋	休闲	树木	3岁	女/男/中性	0.034015029	
63	637428404977	79	61~80	733910	童鞋/凉鞋	休闲	小熊	6个月	女/男/中性	0.033736604	
66	640638413029	69.9	61~80	592961.7	童鞋/凉鞋	休闲	水果	12岁	女/男/中性	0.027257448	
70	637248524650	69	61~80	547101	童鞋/凉鞋	休闲	小羊	7岁	女/男/中性	0.02514931	
71	564452727885	59	41~60	503152	童鞋/凉鞋	休闲	小花	6岁	女/男/中性	0.023129048	
76	565195795857	99.9	81~100	989509.5	童鞋/凉鞋	休闲	星星	11岁	女/男/中性	0.045486082	
84	635934573086	79.9	61~80	559379.9	童鞋/凉鞋	休闲	小花	6岁	女/男/中性	0.02571375	
85	624155087660	59.9	41~60	391747.5	童鞋/凉鞋	休闲	小船	3岁	女/男/中性	0.018007971	
87	637454585006	57.82	41~60	391903.96	童鞋/凉鞋	休闲	星星	4岁	女/男/中性	0.018015164	
93	624155087640	59.9	41~60	390847.5	童鞋/凉鞋	休闲	飞机	12岁	女/男/中性	0.0179666	
95	637454585006	57.82	41~60	391903.96	童鞋/凉鞋	休闲	小船	4岁	女/男/中性	0.018015164	
111	623099437278	59	41~60	337480	童鞋/凉鞋	休闲	水果	11岁	女/男/中性	0.015513386	
119	549515450341	59	41~60	433473	童鞋/凉鞋	休闲	小船	3岁	女/男/中性	0.019926022	
121	637088488910	99.9	81~100	585513.9	童鞋/凉鞋	休闲	树木	14岁	女/男/中性	0.026915086	
130	637234136665	99.9	81~100	538760.7	童鞋/凉鞋	休闲	小鸟	4岁	女/男/中性	0.02476592	

步骤三 网络市场定位

淘宝生意参谋品类罗盘-销量预测-定价参考应该如何使用

企业为什么要进行市场定位？

作为一个新成立的店铺，结合企业自身的能力和经营的目标，采取跟随策略，选择 2 冠的商家作为跟随目标。标杆企业选择如表 1-3-3 所示。

市场价格定位于 41~60 之间，商品风格定位为休闲。

进入目标网店，分析网店的品类结构、商品价格布局、商品上、下架时间、促销活动等，做好跟踪，开展网络营销活动。

表1-3-3　标杆企业选择

序号	商品id	销售价格/元	价格区间/元	30天销售额/元	店铺id	店铺信誉	商品类目	风格	图案	适用年龄	适用性别
93	624155087640	59.9	41–60	390847.5	386336826	2冠	童鞋/凉鞋	休闲	飞机	12岁	女/男/中性

相关知识点

在现代市场营销理论中，市场细分（Market Segmentation）、目标市场选择（Market Targeting）、市场定位（Market Positioning）是构成公司营销战略的核心三要素，被称为STP策略，如表1-3-4所示。

表1-3-4　STP策略

要素	内容
S：Market Segmentation（市场细分）	1. 确定市场细分因素 2. 描述细分市场特征
T：Market Targeting（目标市场选择）	1. 评价各细分市场 2. 选择目标细分市场
P：Market Positioning（市场定位）	1. 为各细分市场定位 2. 向市场传播和送达市场定位信息

一、市场细分

结合最近的购物经历，估计自己在商家的哪个细分市场中？

市场细分的概念是美国市场学家温德尔·史密斯（Wendell R.Smith）于20世纪50年代中期提出来的。

市场细分是指营销者通过市场调研，依据消费者的需要和欲望、购买行为和购买习惯等方面的差异，把某一产品的市场整体划分为若干消费者群的市场分类过程。每一个消费者群就是一个细分市场，每一个细分市场都是由具有类似需求倾向的消费者构成的群体。

市场STP战略

细分市场是从消费者的角度进行划分的,即从消费者的人口统计特征、需求、动机、购买行为的多元性和差异性来划分的。产品用来满足细分市场上消费者的需求。消费者细分如表1-3-5所示。

表1-3-5　消费者细分

细分维度	人口统计特征	心理细分	行为细分	利益细分
细分标准	区域位置、年龄、性别、职业	生活方式、价值观、个性	购买行为	需求的利益
应用	需求总量、变化趋势、了解市场结构	新品引入、广告和营销策略	产品定位、客户管理	新品引入、广告和营销策略

市场细分有利于发掘市场机会、开拓新市场,有利于针对目标市场开发产品,集中人力、物力投入,开展营销活动,提高企业的竞争力。

市场细分包括以下步骤。

1)选定产品市场范围

应明确自己在某行业中的产品市场范围,并以此作为市场细分的前提。

2)列举和分析影响消费者需求的因素

可从地理、人口、心理等方面列出影响产品市场需求和顾客购买行为的各项因素,作为细分消费者需求的依据。

3)制定市场细分的标准,形成细分市场的特征

市场细分的方法有单一因素分析法、综合标准法、系列因素法,如表1-3-6所示。

表1-3-6　市场细分方法

细分方法	内容
单一因素分析法	即用一个主导因素来细分市场,可以选择影响消费者的最主要因素作为细分的标准
综合标准法	即用两个或者两个以上的因素来细分市场。
系列因素法	即影响细分市场的因素是多样的,并且各因素是按一定的顺序进行,可以由粗到细、由大到小,逐步进行细分

企业为什么要细分市场?细分的标准有哪些?

伟大成就:国家发改委我国价格改革取得重大突破性进展

二、目标市场选择

哪些因素影响企业目标市场选择?

1. 目标市场选择的概念和策略

目标市场选择就是对市场进行细分后，企业准备以相应的产品和服务满足该细分市场，即明确企业应为哪一类用户服务，满足他们的哪一种需求。

1）评价细分市场

评价细分市场的规模、特征和竞争状况。

2）目标市场选择策略

根据各个细分市场的独特性和企业自身的能力、目标，有三种目标市场策略可供选择。

（1）无差异目标市场选择。选择该策略的企业，把整个市场作为自己的目标市场，只考虑市场需求的共性，而不考虑其差异。选择该策略的企业，在产品策略上，一般通过降低成本实现成本领先优势，并通过高性价比提高产品竞争力。

（2）差异性目标市场选择。选择差异性目标市场策略，就是把整个市场细分为若干子市场。针对不同子市场的消费者的需求，设计不同的产品，确定不同的营销策略，满足不同的消费需求。此时，存在市场专业化和产品专业化两种策略。市场专业化，即生产不同的产品，满足某一类消费者的需求；产品专业化，即生产一种产品，满足不同消费者的需求。选择该策略的企业，在产品策略上，一般通过差异化、创新性的产品满足不同的目标市场。

（3）集中目标市场选择。集中目标市场选择策略就是集中资源，聚集在一个或少数几个细分市场上，实行专业化生产和销售，满足该细分市场上消费者的需求。选择该策略的企业，在产品策略上，一般做聚焦类产品，只服务于某个特定的市场。

三种目标市场选择策略各有利弊。企业在选择目标市场时，必须考虑面临的各种环境因素和自身的能力、资源，如考虑产品寿命周期、消费者的需求、市场竞争等，进行合理的选择。

选择也不是一成不变的，经营者要不断适应企业内部条件和外部环境的变化，采取灵活的策略，适应市场的变化，取得竞争优势。

2. 市场竞争分析

分析行业的交易指数、交易增长幅度、支付商品数、支付转化率、访客数、客单价、日均销量等数据，选择竞争度低、销售额处于增长状态、有发展前景的类目。利用同比、环比增幅，预测行业销量的变化，选择有发展前景的行业。分析行业市场竞争，确定市场进入的难易程度。

1）市场竞争度分析

市场竞争度可通过商品竞争度体现。商品竞争度表示现有的市场中的商品最终成交的概率，其计算公式为：

$$商品竞争度 = 成交数 / 商品数$$

2）市场稳定性分析

市场稳定性可通过波动系数体现，波动系数反映行业的波动情况，其计算公式为：

$$波动系数 = 标准差 / 平均值$$

可用极差表示波动范围，极值 = 最大值 − 最小值。

通过行业一段时间内的成交额、流量等指标，判断行业的稳定性。

波动幅度大、极差大的行业，市场处于变化中，新进入的商家有新机会；波动幅度不大、极差小的行业，市场相对平稳。

3）市场集中度分析

行业集中度反映行业的饱和度和垄断程度。

赫芬达尔指数是一种测量产业集中度的综合指数，它是指一个行业中各市场竞争主体所占市场份额的平方和，用来计量市场中各个厂商市场份额的集中度，其计算方法如下。

（1）取得竞争对手的市场占有率，可忽略过小的竞争对手。

（2）计算市场占有率平方。

（3）将这些平方值加总。

当独家企业垄断时，该指数等于1；数值越小，表明市场越趋于自由竞争。

4）选择细分市场

分析各个细分市场的规模、供应、客户、竞争和未来的发展趋势，结合自身的能力、竞争策略和经营规划等，选择有价值、有竞争力、进入难度小的类目，作为目标市场。

 考一考

1. 如何评价目标市场的优劣？
2. 三种目标市场选择策略各有哪些优缺点？

三、市场定位

 想一想

企业为什么要进行市场定位？

 学一学

市场定位（Market Positioning）是20世纪70年代由美国学者阿尔·赖斯提出的。市场定位是企业根据目标市场上同类产品竞争状况和消费者的需求，寻找出与其他企业区分开来的、本企业的产品、服务或品牌的某种形象或个性特征，并传递给目标顾客，使其感觉和认识到这种差别，从而在其心目中保留本企业产品、服务或者品牌的印象和位置。

市场定位策略是一种竞争策略，它显示了一种产品或一家企业同类似的产品或企业之

间的竞争关系。

市场定位的依据一般有四种，根据产品属性和利益定位，根据价格和质量定位，根据竞争定位，根据使用者定位。

市场定位的步骤如下，首先识别有价值的差异化，其次选择市场定位策略，再确定企业定位，并向目标群体传播，最后，随着环境的变化，定位也要动态地变化，重新选择和优化市场定位。

1）识别出差异化

识别出差异化的前提是了解目标市场上顾客的需求，了解竞争对手的市场定位和竞争优势。针对竞争者和潜在顾客的需求，识别出差异化。

差异化的实现途径有产品差异、服务差异、价值差异、形象差异等。

企业定位选择差异化策略时，可选择一个因素的单一性定位、两个因素的双重定位或三个因素的三重利益定位。

判断差异化是否可行，需要与竞争者进行分析比较，选择本企业的强项、有相对竞争优势的差异化，以初步确定企业在目标市场上所处的位置。

并非所有的差异化都是有意义或者有价值的。企业需谨慎选择能使其与竞争者相区别的差异化。

有效的差异化，应满足下列各项原则。

（1）差异能给目标购买者带来有价值的利益，可为购买者所感知，并且购买者有能力购买这一差异。

（2）竞争对手较难或者无法提供这一差异，不能轻易复制。

（3）企业能够实现差异化，并能从此差异中获利。

市场定位与产品差异化关系密切，但有本质的区别。产品差异化是实现市场定位的手段，但并不是市场定位的全部内容。市场定位不仅强调产品差异，而且要通过产品差异建立独特的市场形象，赢得顾客的认同。

产品是多个因素的综合反映，包括性能、构造、成分、包装、形状、质量等，市场定位是要强化或放大某些产品因素，从而形成与众不同的独特形象。

市场定位中所指的产品差异化，不是单纯地从生产者角度对一件产品本身做些什么，而是在对市场进行分析和细分化的基础上，寻求建立某种产品特色；同时，通过多种举措，使潜在消费者感觉和认识到这种差别，从而使本企业产品与其他企业产品严格区分开来。

2）选择市场定位策略

在选择市场定位策略时，可直接针对竞争者或避开竞争者进行定位。具体来说，有以下三种方式。

（1）对抗定位。在目标市场，企业把产品或服务定位在与竞争者相似或相同的位置上，同竞争者争夺同一细分市场。

（2）避强定位。在目标市场，企业避免与实力最强的竞争对手直接发生竞争，而是提供明显区别于竞争对手的产品或服务。

（3）补缺式定位。在目标市场，企业寻找竞争者没有注意和占领的市场缝隙和空间，占据一定的位置。

3）确定企业定位并传播

向目标消费者传递定位信息，并能在其心智中占有一席之地。

一旦选择好市场定位，企业就必须采取切实步骤把企业的市场定位传达给目标消费者。企业通过一系列的市场营销组合，围绕着品牌定位，制定产品策略、价格策略，构建营销渠道，实施促销推广活动，将其独特的竞争优势准确传播给潜在顾客，并在顾客心目中留下深刻印象。以更好地实现企业的营销目标。

小任务： 制定产品策略　　**小任务：** 制定价格策略　　**小任务：** 构建网络营销渠道

首先，应使目标顾客了解、知道、熟悉、认同、喜欢和偏爱企业的市场定位，在顾客心目中建立与该定位相一致的形象。

其次，企业通过各种努力强化在目标顾客心目中的形象，保持对目标顾客的了解，稳定目标顾客的态度和加深目标顾客的感情，来巩固与市场相一致的形象。

最后，企业应注意目标顾客对其市场定位理解的偏差，或由于企业市场定位宣传上的失误而造成的模糊、混乱和误会，及时纠正与市场定位不一致的形象。

4）重新选择和优化市场定位

企业经营中，如发现最初选择的定位战略不科学、不合理、营销效果不明显，比如定位过高、过低或者混乱，继续实施下去很难成功，就需要重新定位。

企业的市场定位并不是一劳永逸的，而是随着目标市场竞争者状况和企业内部条件变化而变化的。当目标市场发生变化时，企业也需要重新定位。

重新定位是指企业为已在目标市场销售的产品重新确定某种形象，以改变消费者原有的认识，争取有利的市场地位的活动。重新定位可能带来产品名称、价格、包装和品牌的更改，也可能导致产品用途和功能上的变动，企业必须考虑定位转移的成本和新定位的收益问题。

考一考

1. 企业市场定位的一般步骤和方法有哪些？
2. 市场定位中的产品差异化，是从企业的角度出发，还是从消费者的角度出发？

任务单

一、任务指导书

网络市场细分与定位的任务指导书如表 1-3-7 所示。

 提示

完成任务部署，并填写本组考核表。

表1-3-7 任务指导书

任务名称				
成员分工		时间		
任务重点	市场细分要素、目标市场选择策略、市场定位差异化要素			
任务难点	定位			
任务资源	淘宝生意参谋、行业分析报告网络资源			
任务内容	围绕拟经营的网店STP策略的制定,应包含但不限于以下内容: 1. 目标市场细分; 2. 目标市场选择; 3. 目标市场定位			
评价	自评	组评	组间评	教师评	第三方评

二、任务评价标准

主要从团队协作、任务清单完成的数量和质量、任务的逻辑性、专业知识的掌握和应用、方法和能力的提升方面进行评价。任务评价权重如表1-3-8所示。

表1-3-8 任务评价权重

评价维度		评价内容	配分	得分
市场细分自主学习(20%)	1	市场细分方法	5	
	2	市场细分标准	5	
	3	目标市场分析要素	5	
	4	目标市场的定位	5	
市场细分的分析和定位(30%)	5	市场细分要素的收集	10	
	6	细分市场的交易额分析	10	
	7	细分市场的竞争分析	5	
	8	细分市场的定位分析	5	
相关知识(30%)	9	市场细分	10	
	10	细分市场分析	10	
	11	目标市场选择	5	
	12	市场定位	5	
团队协作(20%)	13	参与度	10	
	14	工作质量	10	

任务拓展

阅读报告，进一步完善网络消费者细分的要素。

1. 阅读易观国际《全民消费背后蕴藏的人群选择》，了解各细分人群的特征、需求和消费特点。

2. 阅读腾讯《2019年国货美妆洞察报告》，了解和学习细分的方法、细分市场的特征，知道如何判断细分市场的有效性。

知识巩固与拓展

一、知识巩固

1. 蓝海市场的标准是什么？如何在现有的市场中，细分、找到蓝海市场？

2. 请选择3~5个核心关键词，表达本任务的主要知识点。请以思维导图的形式，归纳整理本任务的知识体系。

3. 完成在线测试题。

二、拓展

1. 市场细分要素有哪些？运营中的店铺商品定位有哪些？如何判断一个细分市场的竞争度？

2. 以思维导图的形式归纳整理市场差异化的要素。

3. 梳理自己所掌握的知识体系，并与同学交流、研讨，以思维导图的形式，归纳整理STP策略的基本步骤和方法。

在线试题：网络市场细分与定位

自我分析与总结

自我分析
学习中的难点和困惑点

总结提高
完成本任务需要掌握的核心知识点和技能点

完成本任务的典型过程

继续深入学习提高
需要继续深入学习的知识点与技能点清单

项目综合任务

选择熟悉或者准备经营的产品,了解行业、消费者,了解细分市场,选择目标市场,进行市场定位。

一、任务清单

包含但不限于以下内容。

1. 选择商品
简单介绍商品,并说明选择该产品的原因。

2. 商品行业调查
明确界定行业、类目。
调查了解行业规模(市场交易额)及其变化(月度高点与低点、年度趋势),流量(百度、平台)及其变化(月度高点与低点、年度趋势),行业卖家数量,行业竞争度、供需比。

3. 商品消费者调查
调查该类商品网络消费者的特征、需求和行为。

4. 细分市场
选择市场细分标准,分析各个细分市场的特征。

5. 选择目标市场
应用市场选择策略,运用 SWOT 分析,选择目标市场。

6. 市场定位
选择市场竞争策略,确定产品定位、价格定位、品牌定位和市场定位。

二、任务评价表

1. 评价方式
自我评价、任务小组组长评价、小组互评、指导教师评价。

2. 评价内容
主要评价团队协作能力,任务清单完成的数量和质量,任务的逻辑性,专业知识的掌握和应用,方法和能力的提升。

根据评价结果,填写项目考核表(见表 1-4-1)中"得分"数。

 提示

按照项目任务清单,完成项目任务。

表1-4-1 项目考核表

考核项目	评分项目	考核内容	评价方式	比重	得分
过程表现	纪律出勤	无迟到、早退、旷课等现象；实训期间，遵守安全、卫生制度，严谨细致地完成实训任务，养成良好的职业素养	组内教师	10	
	团队协作	积极参与小组任务，工作态度认真，团队协作良好，有创新思考，提出建设性意见，积极发言		10	
学习成果	知识	商品类目、市场调查、行业分析报告；网络消费者行为和网络消费者标签；STP策略	自评组内组间教师	20	
	技能	项目任务要素全；行业资料资源丰富、权威；分析方法得当、合理；方案整体结构合理、逻辑性强；结论具有可行性		30	
	方法能力	能根据相关政策、行业大盘、第三方报告等资料，对相关的行业数据进行分析，明确行业的发展现状和趋势。能够根据平台公开数据，围绕目标市场走势，分析行业热销产品、营销手法、行业消费群体、行业店铺的经营现状，完成目标市场的数据分析。能根据推广数据、订单数据进行客户相关数据分析，明确客户画像。能够根据市场数据分析，总结归纳行业消费人群的人口特征、使用习惯、需求心理，确定网店的目标消费人群。能够根据细分市场特点及目标消费人群特征，确定网店的经营风格和品牌形象		30	
总分					

项目二

设计与策划网络营销推广活动

 **项目导读**

通过策划和实施网络营销活动，完成企业的网络营销目标。

本项目通过网站搜索引擎优化（SEO）、网店商品标题优化、搜索引擎营销（SEM）策划与实施、网络广告推广策划与实施、内容营销与新媒体整合营销推广策划与实施、网络促销活动策划与实施六个任务，培养学生策划和管理网络营销推广活动的能力。

通过六个任务的学习，掌握设计网络营销推广活动的方法，达到1+X《网店运营推广职业技能等级标准》的初中级部分能力标准和《电子商务数据分析职业技能等级标准》初级部分能力标准。能够举一反三，为进入企业后策划和实施网络营销推广活动，奠定良好的基础。

```
                设计与策划网络营
                  销推广活动
    ┌──────┬──────┬──────┼──────┬──────┐
  网站搜索   网店      搜索引擎营销  网络广告推广  内容营销与新媒  网络促销活动
  引擎优化   商品标题优化  （SEM）    策划与实施   体整合营销推广  策划与实施
  （SEO）              策划与实施              策划与实施

  搜索引擎  1.淘宝SEO   1.淘宝直通车推广 1.认知网络广告 1.认知新媒体  1.认知促销活动推广
           2.淘宝标题关键词 2.选择拟推广的宝贝 2.选择网络广告投放 2.新媒体营销   2.节假日促销活动方
             收集        3.关键词选择    平台           3.新媒体营销内容的  案策划
           3.淘宝标题优化  4.撰写创意和选择推 3.网络广告效果的监   制作
                        广的图片        测和评价      4.新媒体营销效果的
                      5.设置投放区域和                  评估与优化
                        时间
                      6.直通车推广效果的
                        评价
```

学习目标

通过本项目的学习，学生应达到以下目标。

一、知识目标

1. 掌握商品标题的撰写和关键词的分类。

2. 掌握搜索引擎优化（SEO）、搜索引擎营销（SEM）的原理和实际应用。

3. 掌握网络广告、信息流广告竞价的原理和实际应用。

4. 掌握内容营销、整合营销、新媒体营销、社会化网络的内涵和实际应用。

5. 掌握网络促销的方法和实际应用。

二、能力目标

1. 能够挖掘与分析关键词，为商品撰写标题并进行优化。

2. 能够选择合适的关键词，进行关键词竞价推广和管理。

3. 能够对网站、网店进行搜索引擎优化。

4. 能够进行网络广告策划，实施推广，建立评价指标体系，评估营销效果。

5. 能够撰写文案，利用新媒体和社交网络进行内容营销，对内容营销的过程进行监控和优化。

6. 能够根据店铺的营销需求，完成不同类别促销活动的设置、报名，策划网络营销活动。

三、素质目标

1. 具备职业道德，遵守行业规范。

2. 能主动表达意愿、沟通想法、协调关系。

3. 养成严谨的工作态度。

4. 培养精益求精的工匠精神。

5. 遵纪守法，具有良好的社会公民素质。

项目组织

一、时间安排

项目二共 28 个课时，其中每个任务 4 个课时，项目综合任务 4 个课时。

二、教学组织

本项目围绕着拟选商品，采取小组团队合作的形式，通过网络收集资料并运用网络工具，完成网站搜索引擎优化（SEO）、网店商品标题优化、搜索引擎营销（SEM）策划与实施、网络广告推广策划与实施、内容营销与新媒体整合营销推广策划与实施、网络促销活动策划与实施六个任务。

小组拟选商品，可以围绕区域优势商品展开，比如威海的农产品、渔具、韩日进口商品等。

与本项目有关的网络资源主要有淘宝平台、网络媒体、百度、微信、微博等。

三、教学成果

通过六个任务的学习，掌握网站 SEO 优化、网店标题撰写、网络广告推广、关键词竞价推广、内容营销与新媒体整合营销推广、促销活动推广的方法，增强网络营销能力。

围绕网店经营中的商品，策划参加电商平台（天猫、京东等）大促活动的综合网络营销推广方案。

任务一　网站搜索引擎优化（SEO）

学习目标

通过本任务的学习，学生应达到以下目标。

一、知识目标

1. 掌握搜索引擎的原理。
2. 掌握网站 SEO 的内容和步骤。
3. 掌握搜索引擎漏斗转化模型。

二、能力目标

1. 能够根据搜索引擎排序算法的原理，优化网站，提高网站权重。
2. 能够合理布局关键词和内容，提高网站在搜索引擎中的排名。

任务导入

● 任务内容

运用站长之家 SEO 工具，调查华为官网的 SEO 现状。

● 任务分析与实施

通过运用站长之家 SEO 工具对华为官网进行调查，了解哪些因素影响网站的优化。以华为官网为例，网站搜索引擎优化（SEO）步骤如图 2-1-1 所示。

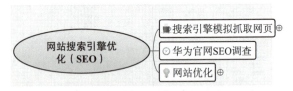

图 2-1-1　以华为官网为例的网站搜索引擎优化（SEO）

步骤一　搜索引擎模拟抓取网页

搜索引擎如何抓取网页内容？

1. 网民看到的网页

通过浏览器访问华为官网，其界面如图 2-1-2 所示。

2. 搜索引擎看到的网页

用站长之家的模拟机器人（http://stool.chinaz.com/tools/robot.aspx）抓取华为官网的

内容，结果如图 2-1-3 所示。

图 2-1-2　网民眼中的华为官网

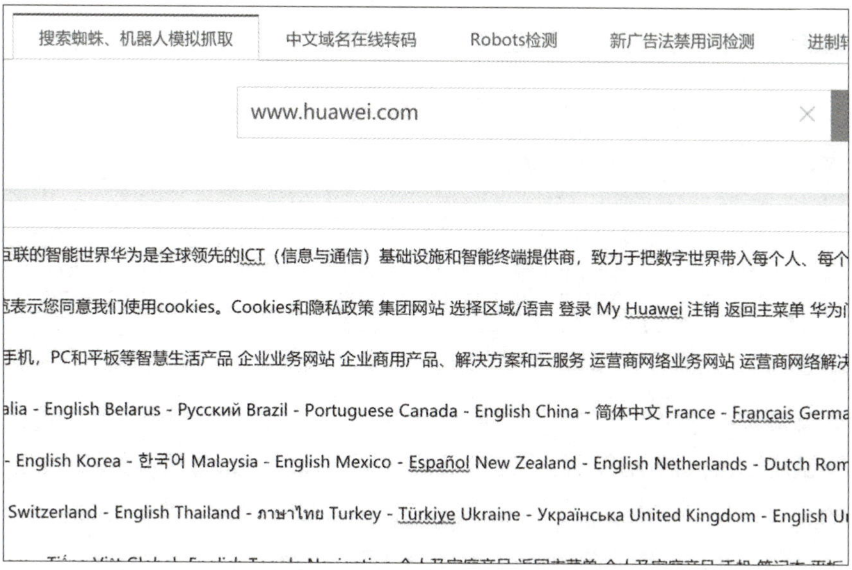

图 2-1-3　搜索引擎抓取的华为官网

步骤二　华为官网 SEO 调查

 想一想

评价华为官网 SEO 的指标有哪些？

 做一做

通过站长之家 SEO 综合查询，可以查到华为官网在各大搜索引擎的信息，包括网站权重、预估流量、收录、反链及关键词排名等。

1. 华为官网的权重

用站长之家 SEO 工具查询华为官网的权重，结果如表 2-1-1 所示。

表2-1-1　华为官网权重

搜索引擎	百度PC	百度移动	360	搜狗	神马	头条
权重	6	6	4	4	4	4
预估流量	30 577~48 843 IP					

权重是如何计算的？以百度 PC 权重为例，百度 PC 的权重为 6，该权重不是百度官方的数据，百度官方目前只为竞价推广用户公开提供 0~10 不同分值关键词质量度的评级。站长之家的百度权重是站长之家通过分析网站关键词的排名，预估从百度搜索引擎产生的流量，将评估数据划分成 0~9 共十个等级的综合评级而给予的权重。站长之家权重与流量的关系如表 2-1-2 所示。

表2-1-2　站长之家权重与流量的关系

权重	预计流量	权重	预计流量
0	无	1	1~99
2	100~499	3	500~999
4	1 000~4 999	5	5 000~9 999
6	10 000~49 999	7	50 000~199 999
8	200 000~999 999	9	1 000 000及以上

权重、流量、关键词排名三者之间是相辅相成的。流量是由用户提交关键词、点击搜索引擎排序结果、进入网站形成的。权重数值越大，表明网站自然流量越大；自然流量越大，相应的关键词排名就更靠前。权重与关键词的数量和流量有关。关键词的数量越多，积累的权重也会越高；关键词流量越高，累计的权重也会越高。

运用站长之家工具，查询站长之家百度权重6的关键词和流量的关系，结果如表2-1-3所示。

表2-1-3　站长之家关键词、流量计算百度权重

项目	参数
关键词	总词条约2 336条
前三名关键词	734
第一页关键词	1 352
第二页关键词	165
第三页关键词	504
第四页关键词	142
收录量	21 763
预计流量	18 415~29 417 IP，介于百度权重6的预计流量10 000~49 999之间。
结论	百度权重6

关键词的排名不是一成不变的，例如，图 2-1-4 所示为百度 PC 关键词 7 天排名变化的趋势。

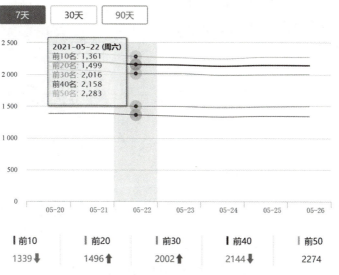

图 2-1-4　百度 PC 关键词 7 天排名的变化

2. 华为网站在 Alexa 中的排名和预估流量

华为网站在 Alexa 中世界综合排名为 1 013 位，预估日均 IP 为 341 300，日均 PV 为 1 380 400。华为网站 Alexa 预估日均 IP 访问量变化趋势如图 2-1-5 所示。

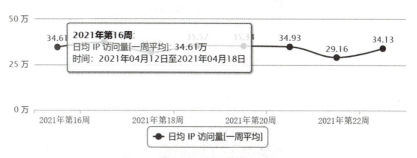

图 2-1-5　华为网站 Alexa 预估日均 IP 访问量变化趋势

华为网站 Alexa 预估日均 PV 浏览量变化趋势如图 2-1-6 所示。

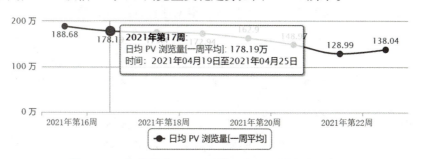

图 2-1-6　华为网站 Alexa 预估日均 PV 浏览量变化趋势

3. 华为官网在站长之家的 SEO 综合评价得分

华为网站的站长之家 SEO 综合评价如图 2-1-7 所示。网站有一定程度的优化，但可以进一步改进。

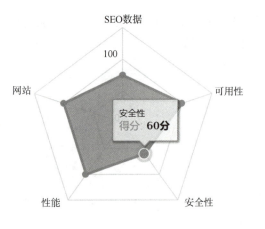

图 2-1-7　华为网站站长之家 SEO 综合评价

步骤三　网站优化

关键词在网站优化中起什么作用？

站长之家 SEO 任务发布和优化流程如下。

（1）任务发布，填写需要针对的搜索引擎和要优化的网址、关键词以及关键词的排名要求，如图 2-1-8 所示。

图 2-1-8　SEO 需求信息发布

（2）SEO 外包实施流程如图 2-1-9 所示，根据达标词结算款项。

图 2-1-9　SEO 外包实施流程

相关知识点

1. SEO 是指什么？
2. 网店为什么要进行 SEO 优化？

1. 搜索引擎分类

搜索引擎（Search Engine）是一种信息检索技术，是能够根据用户提交的关键词，帮助用户查询信息资料的工具类软件。

按照信息搜集的方式，搜索引擎可以分为三大类：目录分类索引、全文搜索引擎、元搜索引擎。目前，应用广泛的搜索引擎主要是目录分类索引和全文搜索引擎。

1）目录分类索引

目录分类索引是将信息置于事先确定的分类目录中，用户通过分类目录，层层递进，找到所需的信息。信息分类正确与否直接影响搜索体验。这类搜索引擎的代表是百度的 hao123、搜狗网址导航和淘宝的商品类目导航等。淘宝类目导航如图 2-1-10 所示。

图 2-1-10 淘宝类目导航

2）全文搜索引擎

全文搜索引擎的工作原理如图 2-1-11 所示。首先，由称为蜘蛛（Spider）的机器人程序（搜索器）通过超链接，在 Internet 中搜集、发现网页，获取网页内容。由索引器对网页的内容进行切词处理，创立索引，建立切词与网页内容相关性的索引存储文件数据库。

然后，用户通过搜索引擎接口提交关键字查询信息。检索器检索索引存储文件数据库中的内容，综合计算用户、关键词与索引内容的匹配度，并进行排序。根据排序结果，输出索引存储文件中的网页摘要和网址，为用户提供信息导航服务。

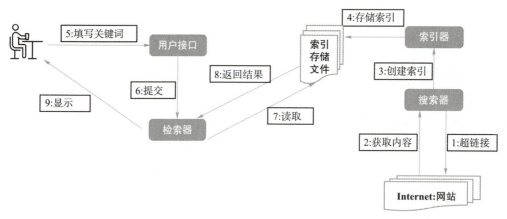

图 2-1-11　全文搜索引擎工作原理

全文搜索引擎的优点是信息量大、更新及时、无须人工干预。缺点是返回信息过多，有很多无关信息，用户必须从结果中再进行筛选。这类搜索引擎的代表是 Google、百度。

3）元搜索引擎

元搜索引擎是将用户的查询请求同时向多个搜索引擎递交，将返回的结果进行重新排序处理后，作为自己的结果返回给用户。这类搜索引擎的优点是返回结果的信息量更大、更全，缺点是用户不能充分使用搜索引擎的功能，需要做更多的筛选。这类搜索引擎的代表是 WebCrawler、InfoMarket 等。

2. 全文搜索引擎排序算法

在全文搜索引擎中，搜索引擎使用搜索引擎排序算法，计算出用户的信息检索需求（关键词）与相关网站的匹配度，为网站排序。不同的搜索引擎排序算法规则是不同的，同一个搜索引擎的算法也不是固定不变的。

搜索引擎排序算法作为搜索引擎服务商的核心机密，具体的算法不会对外公布。通过大量的实践总结，并结合搜索引擎的基本原理，搜索引擎排序主要和网站的质量、网站内容与关键词的相关性，以及对其他用户搜索结果的反馈有关。

1）影响搜索引擎排序的因素

影响搜索引擎排序的因素有很多，比如影响百度排序的因素有网站与搜索关键词的相关性、网站内容与搜索关键词相关性、网站评价、页面体验和网站内外链等。

（1）网站内容与关键词的相关性。基于对搜索者的语义分析、行为分析、智能人机交互和海量基础算法分析，判断搜索者的需求与网站所提供服务的匹配程度。

（2）网站内容与搜索关键词的相关性。关键词与网页 meta 标签中的关键词、网页 H 标签（h1~h6）中的关键词、网页文本内容中关键词的密度、锚文本链接、导航链接及图片链接中的关键词有关。

（3）网站评价，包括网站域名的历史、网站服务器的稳定性、网站的权重、网站的用户数据、网站的内容质量。

（4）页面体验与其他用户搜索结果的反馈，包括搜索引擎结果页面的点击率、用户在网页浏览的时间和行为、用户对网页的反馈。

具体而言，搜索引擎算法的影响因素如表 2-1-4 所示。

Google 页面权重的计算

表2-1-4 搜索引擎算法的影响因素

因素	内容
关键词	1. 网页 Title 中关键词的位置、连贯和比重 2. H 标签（h1~h6）中的关键词 3. 文本内容中关键词的密度 4. 关键词文字外链 5. Keywords 中的关键词 6. 关键词搜索访问流量 7. 关键词搜索访问质量（人均页面访问数量、人均页面停留时间）
网站权重	1. 域名注册前的历史问题 2. 域名注册时间的长短 3. 外链网站的权重 4. 外链给出链接的相关度 5. 是否使用历史链接形式 6. 网站访问量
外链	1. 链接域名权重 2. 是否为锚文本 3. 链接数量 / 链接权重 4. 外链网页的主题相关度 5. 链接的时间
用户数据	1. 搜索引擎结果页面的点击率 2. 用户在网页停留的时间
内容质量	1. 内容的相关度 2. 内容的原创性 3. 内容的独特性 4. 内容的时效性
人工干预	1. 关键词人工加（扣）分 2. 机器算法干预

2）排序

不同的搜索引擎服务商，给影响搜索引擎排序算法的各个因素赋予不同的权重。比如，某搜索引擎排序算法影响因素的权重如表2-1-5所示。

表2-1-5　某搜索引擎排序算法影响因素的权重

影响因素	权重
关键词	30%
域名权重	25%
外链	25%
用户数据	10%
内容质量	10%
人工干预	人工或者机器自动判断

综合排序得分=关键词得分×权重+域名权重得分×权重+外链得分×权重+用户数据得分×权重+内容质量得分×权重+人工干预得分

3. 网站搜索引擎优化

1）搜索引擎优化

搜索引擎优化，主要根据搜索引擎排序算法的影响因素，对网站栏目结构、网站内容、用户使用效果等要素进行优化，使网站尽可能在用户提交关键词搜索信息的结果中获得好的排名。

因此，熟悉搜索引擎排序算法是网站优化的基础。

网站的优化和建设，不能仅仅是为了按照搜索引擎的算法而优化网站，最终的目的是更好地为用户提供信息服务，方便搜索者获得所需的信息，提高网站的流量和转化量。

2）搜索引擎转化漏斗模型

潜在客户从访问搜索引擎、浏览网站到达成交易的过程中，涉及几个重要环节。

以百度为例，百度的搜索推广效果转化漏斗模型如图2-1-12所示，该模型直观地反映出在潜在客户的购买过程和企业推广过程中，各个环节之间联系与转换的过程，是反映搜索推广效果转化全过程的一个重要模型。整个漏斗分为五层，从上至下分别为展现量、点击量、访问量、咨询量、订单量。

（1）展现量。展现量是当网民在网上搜索时，符合的企业推广信息被展现出来的数量。

（2）点击量。点击量是指推广结果引起网民点击的数量，该指标与提交的关键词能否准确定位潜在客户，关键词的标题、描述能否引起网民的兴趣有关。

通过展现量和点击量的数据，能够判断搜索引擎推广的效果。

（3）访问量。访问量是指用户点击搜索引擎的结果，到达网页页面的数量。访问量和目标网页打开的速度、网站的稳定性有关。

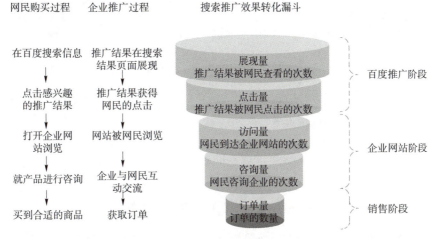

图 2-1-12　百度搜索转化漏斗模型

（4）咨询量。用户点击进入网站，具体的行为与网站建设的效果和网站内容有很大关系。如果用户对内容感兴趣，并且有合适的咨询链接，就会产生咨询行为。

（5）订单量。用户浏览网站，满足自身的需要，产生注册、购买行为或者网站希望用户产生的其他行为。

用户的体验（包括内容的吻合度及页面的美观度）、商品信息质量，以及互动的效果等，都会影响访问量、咨询量和最终的订单量。

从漏斗模型可看出，漏斗的任何一层没打开，都会影响最终的订单转化。比如展现量，如果投放的关键词数量不够，就错失了很多展现机会，经过层层过滤，最终获得的订单数也肯定不会令人满意。

搜索推广效果转化漏斗模型可以帮助企业分析数据、优化方案，不断提升搜索引擎营销效果。转化效果最好、最理想的漏斗形状接近于圆柱形，但是在实际情况中，没有任何一种推广方式能做到 100% 的转化，转化漏斗的五层，从上到下，数量逐层递减。

4. 关键词优化

用户在搜索引擎中提交的关键词，体现了搜索者的信息搜索意愿。

一个理想的关键词，一方面要准确体现搜索者的意图，另一方面要与网页内容高度相关，并且符合搜索引擎对该关键词与页面内容相关性的判断。

1）关键词的搜集

关键词的选取，与客户的需求密切相关。只有符合客户需求的关键词，才有优化的意义。

（1）通过搜索引擎系统推荐的联想关键词和相关关键词，搜集关键词信息，以百度为例，如图 2-1-13 所示。

（2）关键词工具软件。Google 和百度的推广账号，都内置了关键词推荐工具。通过搜索引擎内置的工具，能够获得大量的搜索引擎推荐的关键词，也能获得每种关键词的每天搜索量。

图 2-1-13　百度联想关键词和相关关键词

通过第三方关键词工具，能够收集到更多的关键词。比如，追词助手能够同时查询最多 1 500 个关键词的百度搜索量及相关参数，通过一个关键词衍生出多个相关词。

通过站长之家，能够进行行业词、长尾词和竞价词的挖掘。

（3）根据企业所处的行业，围绕企业的核心业务，如名称、产品、品牌等，扩展搜集关键词。换位思考，从用户的角度选择关键词，拓展关键词的数量。

（4）通过百度指数，了解关键词的用户关注度和媒体关注度，了解相关关键词的搜索量和增长率、地区分布和用户属性。

2）关键词的分类与选择

（1）关键词的分类。根据用户提交的关键词种类、形式和数量进行分类，关键词有核心关键词、相关关键词和长尾关键词三类。

核心关键词是网站主题最简明的词语，同时也是搜索量最高的词语，是网站优化的主打关键词。

相关关键词也叫扩展关键词，就是对核心关键词的一个扩展，多为核心关键词的拆分和重新组合。通过语意扩展关键词、同义词、否定词、语意关联词、客户需求、行业关键词、产品服务名称、别名、简称、地域品牌组合等方式，扩展关键词的数量。

长尾关键词是对关键词的进一步扩展，而且一般是一个短语或短句。长尾关键词的搜索量较少，但更能体现搜索者的意图。

（2）关键词的选取。关键词的选取要考虑到搜索引擎的算法、网页内容与用户需求的吻合度、关键词的竞争度。

理想的关键词，首先要具备高搜索人气和搜索热度，有较高的展现量；其次，能够引起搜索者的注意，点击量和点击率要高；再者，效果要好，达到引流的目的，比如网站的注册量或者咨询量要高，网店的商品转化率要高；最后，竞争度要小，能够降低网站优化的难度和关键词的竞价。

3）关键词在网页中的布局

关键词的布局主要包括在网页 head 部的布局、网页 body 部的布局和不同页面关键词的分布。

head 部的布局主要与 title、meta 的 keywords 区段、description 区段的布局有关。

在网页 body 部的布局，主要是关键词与网页内容、位置、H 标签、关键词的内链外链等因素有关。

不同页面关键词的布局，如图 2-1-14 所示。

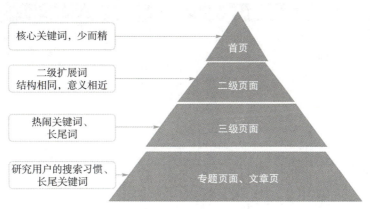

图 2-1-14　关键词的布局

（1）每个网页都应该有独立的描述网页标题的 title 标签。该部分用于告诉用户和搜索引擎这个网页的主要内容。搜索引擎在判断一个网页内容权重时，title 是主要参考信息之一。title 标签中文字数小于 255 个字符，内容要高度概括网页的核心内容，同时不要轻易、频繁地变更。一般由网页的核心关键词+网站名/公司名/品牌组成。

（2）每个网页都应该有独立的描述网页内容的 meta 标签。meta 标签中的"description"是对网页内容的精练概括。meta 标签中的"keywords"，是网页中核心关键词的提炼。通过浏览器的"工具"—"源代码"，能够查看网站 meta 标签的内容，如图 2-1-15 所示。

```
<head>
    <meta charset="utf-8">
    <meta http-equiv="X-UA-Compatible" content="IE=edge">
    <meta name="viewport" content="width=device-width, initial-scale=1">

<meta name="description" content="华为是全球领先的ICT（信息与通信）基础设施和智能终
<meta name="keywords" content="">

<!--share begin -->
<meta property="og:title" content="华为 - 构建万物互联的智能世界">
<meta property="og:description" content="华为是全球领先的ICT（信息与通信）基础设施
<meta property="og:image" content="https://www-file.huawei.com/-/media/corp/home/i
<meta property="og:url" content="https://www.huawei.com/cn/">
<meta property="og:site_name" content="huawei">
<!--share end -->
<!-- add twitter meta begin -->
<meta name="twitter:card" content="summary">
<meta name="twitter:title" content="华为 - 构建万物互联的智能世界">
<meta name="twitter:description" content="华为是全球领先的ICT（信息与通信）基础设施
<meta name="twitter:image" content="https://www-file.huawei.com/-/media/corp/home/
<!-- add twitter meta end -->
```

图 2-1-15　网页源代码查看 meta 标签

（3）关键词与页面内容的匹配度。核心关键词要分布于标题、重点区域。关键词在单个页面中的数量不能过多，正常的关键词的页面密度是 2%~8%。通过站长之家提供的工具，能够查询关键词的密度，如图 2-1-16 所示。

图 2-1-16　关键词密度查询

（4）在图片或 Flash 的 alt 属性描述中布局关键词。图片中存在的信息若想让搜索引擎更好地理解，必须利用 alt 属性。图片的 alt 属性是对图片信息的简要阐述。alt 属性非常重要，必须做到与图片相关、与内容相关，且需要避免为了关键词而堆砌。通过这种方式，搜索引擎能够更好地理解图片中的内容，同时若图片出现错误，也能够让用户了解该图片真正想要展示的主题。

5. 网站导航优化

网页之间的链接要有清晰的结构，层级合理，方便用户浏览。其基本原则是，通过主页可以到达任何一个一级栏目首页、二级栏目首页以及最终内容页面。通过任何一个网页可以返回上一级栏目页面并逐级返回主页。通过任何一个网页可以进入任何一个一级栏目首页。通过任何一个网页经过最多三次点击可以进入任何一个内容页面。

如图 2-1-17 所示，网站中，网页呈树形链接结构，网页分为三级，首页（H），二级页面（C），三级页面（D），页面之间的链接关系如下。

首页（H）链向所有二级页面（C）；特殊三级页面（D3）与首页（H）链接；二级首页（导航）链向其他二级首页；各二级首页（C）链向本级下的三级页面（D）；三级页面（D）链向其他同类三级页面。

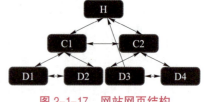

图 2-1-17　网站网页结构

主栏目导航清晰并且全站统一，如果产品类别、信息较多，可以设计一个专门的分类目录。

设计一个表明站内各个栏目和页面链接关系的网站地图（sitemap.htm，静态网页，放在根目录），提升网页的导航性，有助于搜索引擎的抓取。

6. 页面内容布局优化

网页内容布局的首要目的是方便用户及时找到所需的信息，应将最重要的信息呈现在最显著的位置。

当你打开一个新的网页时，视线首先落在哪儿？视线浏览页面的路径是怎样的？页面的信息如何布局，才能够吸引浏览者的注意力？

用户浏览网页的习惯一般如下，首先观察网页的上层部分，聚焦于网页的左上角，之后从左向右、自上而下，顺序阅读，浏览方式呈现出"F"的形状。网页浏览热图如图2-1-18所示。

因此，网站的重要内容应集中在这些关键区域，可以在此放置头条、副题、热点及重要文章，这样可以吸引读者进行阅读，以此确保读者的参与度。

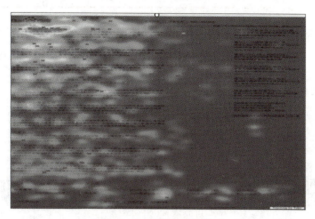

图2-1-18　网页浏览热图

为了提高内容对搜索引擎的友好性，网站发布的内容要注意以下两点。

（1）网页中的重要信息应该出现在最高的位置，关键词在文章标题和段落中合理布局，并保持稳定。

（2）网页内容应该有价值、原创，及时更新，这样有助于搜索引擎的抓取。

7. 网站链接优化

网站链接的优化主要包括网站内部链接的优化和外部链接的建设。

1）网站内部链接

无效链接，即那些不可达到的链接。如果一个网站存在大量的无效链接，必将大大损伤网站的整体形象，搜索引擎蜘蛛也无法到达，不但收录页面数量会减少，而且网站在搜索引擎中的权重会大大降低。

内部链接是网站内部页面之间的链接。在网站发布前，要制定网站内链检查清单，检查网站有无无效链接。可以利用工具软件，也可人工点击链接。链接检查清单如表2-1-6所示。

表2-1-6　链接检查清单

优化标准	实际情况
所有单页链接到首页	
所有频道（一级栏目首页）链接到首页	
所有单页链接到频道（一级栏目首页）	
所有频道（一级栏目首页）相互链接	
首页链接到所有频道和部分重要页面	
内容页一般不链接到其他频道下的单页	
同一频道下的单页可以互相链接	
可以通过关键词的锚文本链接两个不同频道下的单页	

通过工具软件查询，可以遍历指定网页的所有链接，并分析每个链接的有效性，找出无效链接。如图2-1-19所示，通过站长之家，可以模拟百度和谷歌蜘蛛，查询网站的无效链接。

图2-1-19　站长之家网站内链的查询

2）网站外部链接

网站外部链接的建立，有助于搜索引擎通过外链，链接到网站，抓取网站内容，也有助于搜索引擎判断网站的重要性。

首先，搜索引擎的工作原理是通过链接搜集网址，在此基础上，进一步搜集网页的内容；其次，网站被链接的数量越多，说明网站的重要性越高，权重越高。一个网站权重越高，在搜索引擎排名就可能越好。

外部链接有导出链接和导入链接。导出链接就是本网站通过文字或图片的形式链接到对方的网站。导入链接，是指其他的网站链接到自己的网站，也称为反向链接，是影响搜索引擎权重的主要部分。友情链接或交换链接是建设导入链接的主要方式之一。其网站的友情链接如图2-1-20所示。

图 2-1-20　某网站的友情链接

通过交换链接，方便网民在网站之间的浏览，可以提高网站的曝光量，也有助于搜索引擎的抓取。搜索引擎根据网站外部链接的数量和质量，来判断一个网站的重要性，进而赋予网站不同的权重。网站被内容相关、权重高的网站链接，能够提高被链接网站的权重。高质量的外部链接分布于不同的页面，避免群发、垃圾链接，避免搜索引擎作弊。

3）查询网站外部链接

（1）应用搜索引擎搜索命令（如百度的 domain 命令或 Google 的 link 命令）查询网站外部链接。

（2）通过站长之家工具，能够查询到网站外链的数量，并且能够根据外链权重排列。网站外链的查询如图 2-1-21 所示。

图 2-1-21　网站外链的查询

8. 网站提交搜索引擎

在提交网站之前，应检查网站的 robots.txt 文件是否允许搜索爬虫抓取，网站有无无效链接等。

1）nofollow 标签

nofollow 标签是一个 HTML 标签的属性值，它的出现为网站管理提供了一种方式，即告诉搜索引擎是否追踪网页上的链接。

nofollow 标签通常有两种使用方法。

一是将"nofollow"写在网页上的 meta 标签上，用来告诉搜索引擎不要抓取网页上的所有外部和内部链接。

```
<metaname="robots" content="nofollow" />
```
二是将"nofollow"放在超链接中,告诉搜索引擎不要抓取特定的链接。
```
<arel="externalnofollow" href="url"><span>产品</span></a>
```
2)网址提交

登录各大搜索引擎网站提交入口,提交网址。提交时,输入完整的网址,包括http://的前缀。如果有对提交网站进行描述的要求,描述应尽可能与网站的主要内容相符,并包含期望重点推广的关键字。

百度规定,一个免费登录网站只需提交一页(首页),搜索引擎会自动收录。符合相关标准提交的网址,会在1个月内按百度搜索引擎收录标准被处理,但百度不保证一定能收录提交的网站。百度网址提交页面如图2-1-22所示。

图2-1-22 百度网址提交页面

网址导航网站的网址提交。登录网址导航提交网站入口,按要求填写资料,其中网站的分类与描述,应尽可能体现网站的核心内容。

9. 网站优化效果评价

1)网站评价指标

搜索引擎优化的主要指标有关键词搜索引擎排名、网站流量和实际效益。

搜索引擎排名与网站的收录量、链接数量、PR值、SR值(页面权重等级)、关键词与网站内容相关性等有关。

网站流量,主要是指IP和UV流量。

实际效益,主要包括浏览页面数量、浏览网站时间、咨询量和成交量等指标。

2)网站评价指标查询

(1)关键词的排名。通过在搜索引擎提交关键词,直接查询优化的效果,也可以利用工具软件（如站长之家）查询。但要注意，同一个网站、同一个网页的同一个关键词，在不同的时间、不同的搜索引擎，排名顺序是不一样的。

（2）利用站长工具，查询网站的 PR 值。同一个网站，用不同的搜索引擎，权重有所不同。网站权重的查询如图 2-1-23 所示。

图 2-1-23　网站权重的查询

（3）网站收录量的查询。在搜索引擎提交命令查询，比如，在百度输入"site：www.sohu.com"，即可得到收录详情页面。

（4）SEO 综合查询。利用一些提供查询服务的网站和工具进行综合查询服务，并能针对搜索引擎优化，提出合理的建议。

（5）利用网站的后台统计工具查询网站流量。百度统计是百度推出的一款专业网站流量分析统计工具，通过相关数据的监控功能与百度推广的紧密集成，能够分析百度推广的效果。百度统计提供了几十种图形化报告，全程跟踪访客的行为路径，能够告诉人们访客是如何找到并浏览目标网站的，以及应该如何改善网站的使用体验，提升网站的投资回报率。同时还能监控各种网络媒介推广效果，有助于人们及时了解哪些关键词、哪些创意的效果最好。

目前，百度统计完全免费提供给百度推广、百度联盟用户和普通用户使用。可以登录百度推广后台、百度联盟和百度统计首页，免费注册和开通账号，获取百度统计代码和安装文件。

百度统计代码介绍

开通后，输入监控网站主域名并且确认协议，获取安装代码。按照安装说明，在网站源代码中添加统计代码。

```
<script>
    var _hmt = _hmt || [];
    （function（）{
var hm = document.createElement（"script"）;
hm.src = "//hm.baidu.com/hm.js？XXXXXXXXXXXXXXXXXXXXXXXXXXXXXXXX";
var s = document.getElementsByTagName（"script"）[0];
```

```
        s.parentNode.insertBefore（hm，s）;
    }）（）;
</script>
```

代码正确添加后，进入百度统计，即可看到含有丰富数据的概况页和网站的流量报告，方便从全局了解网站流量情况，如图 2-1-24 所示。

图 2-1-24　百度网站统计

任务单

一、任务指导书

网站搜索引擎优化（SEO）的任务指导书如表 2-1-7 所示。

 提示

完成任务部署，并填写本组考核表。

表2-1-7　任务指导书

任务名称	
时间	
团队	
任务重点	搜索引擎的原理与排序算法影响因素；网站搜索引擎优化
任务难点	关键词的选择与布局、网站外链的建设
任务资源	百度推广、站长之家
任务内容	选择网站，进行搜索引擎优化： 1. 选择网站； 2. 搜索引擎检测； 3. 搜索引擎优化建议
评价	自评　　组评　　组间评　　教师评　　第三方评

二、任务清单

1. 评价方式
自我评价、任务小组组长评价、小组互评、指导教师评价。

2. 评价内容
团队协作，任务清单完成的数量和质量，任务的逻辑性，专业知识的掌握和应用，方法和能力的提升。任务评价权重如表 2-1-8 所示。

表2-1-8　任务评价权重

评价维度		评价内容	配分	得分
网站搜索引擎优化的学习与借鉴（20%）	1	搜索引擎	5	
	2	搜索引擎应用	5	
	3	网站评价	5	
	4	网站评价工具	5	
网站搜索引擎优化实施（30%）	5	网站基本信息的收集	10	
	6	网站关键词、导航与内容	10	
	7	网站链接与速度的查询	5	
	8	网站优化效果查询	5	
相关知识（30%）	9	搜索引擎工作原理	10	
	10	搜索引擎排序算法	10	
	11	网站搜索引擎优化	5	
	12	网站搜索引擎优化评价指标	5	
团队协作（20%）	13	参与度	10	
	14	工作质量	10	

任务拓展

一、学习网站百度优化的内容。

二、选择华为官网，利用"站长之家"网络平台，调查企业官网的SEO状况，完成"任务：借鉴学习华为网站搜索引擎优化"，学习网站搜索引擎优化的内容。

任务：借鉴学习华为网站搜索引擎优化

知识巩固与拓展

一、知识巩固

1. 简述搜索引擎的基本原理和算法。

_____

_____

2. 请选择关键词，表达本任务的主要知识点。请以思维导图的形式，归纳整理本任务的知识体系。
_____
_____

3. 完成在线测验题。
_____
_____

在线试题：SEO

二、拓展

1. 网站搜索引擎有哪些？搜索引擎的工作过程是怎样的？
_____
_____

2. 以思维导图的形式，归纳整理影响百度搜索自然排名的因素。
_____
_____

3. 梳理自己所掌握的知识体系，并与同学相互交流、研讨；以思维导图的形式，归纳整理网站搜索引擎优化的基本步骤和方法。
_____
_____

自我分析与总结

自我分析
学习中的难点和困惑点

总结提高
完成本任务需要掌握的核心知识点和技能点

完成本任务的典型过程

继续深入学习提高
需要继续深入学习的知识点与技能点清单

任务二　网店商品标题优化

任务目标

通过本任务的学习，学生应达到以下目标。

一、知识目标

1. 掌握网店商品标题关键词的类型。
2. 掌握网店商品标题的结构。
3. 掌握网店 SEO 的影响因素。

二、能力目标

1. 能够根据电商平台的搜索引擎排序算法，优化网店。
2. 能够收集关键词、分析关键词，撰写和优化网店标题。

任务导入

儿童演出服装关键词

● 任务内容

小王的网上店铺主营儿童演出服装，他希望对商品标题进行优化，提高店铺的免费流量。目前已收集到店铺引流关键词表，如表 2-2-1 所示。

表2-2-1　儿童演出服店铺引流关键词

统计日期	终端类型	关键词	跳失率	跳失人数	引导支付金额	引导下单买家数	带来的访客数	下单转化率	引导支付件数	带来的浏览量
2020/2/11	无线端	儿童警察套装	76.27%	45	206.9	2	59	3.39%	2	104
2020/2/11	无线端	儿童警察服	64.52%	20	0	0	31	0.00%	0	57
2020/2/11	无线端	儿童警服	66.67%	10	85.16	1	15	6.67%	1	28
2020/2/11	无线端	儿童警服冬	69.23%	9	85.16	2	13	15.38%	1	29
2020/2/11	无线端	警察服儿童	58.33%	7	78.3	1	12	8.33%	1	23
2020/2/11	无线端	黑猫警长	81.82%	9	0	0	11	0.00%	0	14
2020/2/11	无线端	交通警察儿童衣服	70.00%	7	0	0	10	0.00%	0	26
2020/2/11	无线端	儿童警察服套装	77.78%	7	0	1	9	11.11%	0	15
2020/2/11	无线端	儿童cs套装	100.00%	7	0	0	7	0.00%	0	7
2020/2/11	无线端	儿童警察	71.43%	5	258	1	7	14.29%	1	13
2020/2/11	无线端	儿童角色扮演服装	60.00%	3	0	0	5	0.00%	0	7
2020/2/11	无线端	宝宝警察服	100.00%	4	0	0	4	0.00%	0	4

● **任务分析与实施**

淘宝商品的标题由提交给搜索引擎的，消费者浏览、购买商品的关键词组成。标题中的关键词、关键词的位置，都会影响商品在搜索结果中的排名。针对收集到的关键词，利用 Power BI 提取词根。根据词根带来的访客数、转化率和订单金额，选择关键词，组合成标题。网店商品标题优化的基本步骤如图 2-2-1 所示。

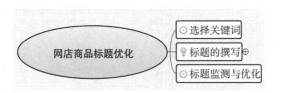

优化产品标题

图 2-2-1　网店商品标题优化的基本步骤

步骤一　选择关键词

淘宝标题中的关键词选择标准有哪些？

（1）通过淘宝的生意参谋，按照"流量—纵横—选词助手"的步骤，收集行业关键词，如图 2-2-2 所示。

图 2-2-2　淘宝生意参谋行业关键词收集

（2）利用 Excel 提取关键词词根，如图 2-2-3 所示。

关键词的选择应遵循两个原则。首先，关键词必须和商品有相关性；其次，优先选用能够获得好的搜索引擎排名、有流量、有转化的词。

关键词的选择如图 2-2-4 所示。

词根
儿童
儿童警察
警察
套装
警服
儿童套装
男童
军装
宝宝
小警察
布莱克
克制

图 2-2-3 儿童演出服关键词词根提取

行标签	访客数	下单买家数	转化率	支付金额	词性
儿童	17 329	1 369	7.90%	124 420.29	搜索词
警察	7 462	685	9.18%	66 215.69	长尾词
儿童警察	5 604	573	10.22%	56 720.11	品牌词
套装	2 766	136	4.92%	12 854.06	品类词
特警	2 507	218	8.70%	18 220.1	修饰词
警服	2 450	207	8.45%	17 917.51	品类词
衣服	2 100	86	4.10%	6 737.83	品类词
服装	1 649	148	8.98%	12 759.65	品类词
制服	1 633	172	10.53%	14 450.59	品类词
种兵	1 438	62	4.31%	5 119.76	修饰词
警长	1 216	106	8.72%	8 749.51	修饰词
装备	1 184	62	5.24%	5 606.9	修饰词
特种	1 183	51	4.31%	4 061.76	修饰词
特种兵	1 165	50	4.29%	3 996.76	修饰词

图 2-2-4 关键词的选择

步骤二 标题的撰写

添加关键词

想一想

淘宝标题中的关键词如何布局?

做一做

按照“品牌词 + 类目词 + 属性词 + 修饰词 + 长尾词 + 类目词”的标题结构，用收集到的产品关键词，撰写儿童演出服装产品的标题，如“奥特旗舰店演出服特种兵黑猫警长警服女童纯棉儿童表演套装迷彩服”。

步骤三 标题监测与优化

想一想

淘宝标题优化的原则有哪些?

做一做

1. 搜索排名查询

在淘宝平台提交关键词，查看网店排名。提交类目词，如“儿童演出服”，查看排名，如图 2-2-5 所示。

项目二 设计与策划网络营销推广活动

图 2-2-5 类目词标题网店排名查询

提交长尾词，比如"黑猫警长警服"，查看排名，如图 2-2-6 所示。

图 2-2-6 长尾词标题网店排名查询

使用生意参谋，查看该商品引流与转化的效果。

2. 标题优化

对设计好的标题，可以通过"生意参谋—品类—商品诊断—单品分析"进行标题优化，如图 2-2-7 所示。

查看标题中的搜索词、品类词、修饰词和长尾词的访客数、支付买家数、支付转化率。对引流、转化低的词进行替换，从行业关键词中选择新词，加到标题中，持续优化。

图 2-2-7 标题优化

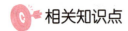 相关知识点

一、淘宝 SEO

在网店购物过程中，从提交关键词开始，到最终成交，共有哪些环节？

淘宝搜索主要有关键词搜索和类目搜索。

淘宝 SEO，即淘宝商品排序优化。SEO 的目的是让目标商品在用户提交关键词时符合淘宝搜索引擎规则，从而获得良好的排名，为引流奠定基础。

在淘宝首页，关键词搜索"宝贝"的默认显示结果为"人气"搜索结果。人气是综合卖家信用、商品页面的排版布局、关键字相关性、商品价格、好评率、累计本期售出量、30 天售出量、浏览量、收藏人气等因素来竞排的。

在淘宝首页，关键词搜索"店铺"的默认显示结果为信誉搜索结果，即根据卖家信用等级从高到低排序。

在淘宝首页，类目搜索的默认搜索结果，与商品所在的类目、商品标题中的类目关键词和类目推广的效果有关。

淘宝 SEO 排序是以帮助买家找到最符合其需求的产品为原则的。排序是对产品的相关性、产品信息质量、产品的交易转化能力、买家服务能力和搜索作弊情况等因素综合考量。

影响淘宝综合排序的因素包括相关性得分和商业得分，具体如图 2-2-8 所示。

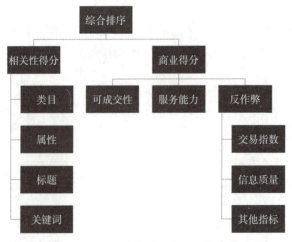

图 2-2-8　影响淘宝综合排序的因素

1）相关性得分

相关性是消费者提交的关键词与商品的相关性。

相关性包括类目与搜索词的相关性，即产品所在的类目与关键词关系的远近；标题与搜索词的相关性，即产品标题在语义上与搜索词的相关性；商品属性与搜索词的相关性，即商品的材质、尺寸、风格、颜色、款式等与搜索词的关系远近等。

2）商业得分

一般情况下，相关性是基础，如果没有相关性得分，商业得分再高也没有用。但是在相关性得分差距不大的情况下，商业得分影响更大。商业得分中，转化率是重中之重。

可成交性是指产品交易转化能力。上下架时间、销量与销量变化、商品化率、成交率、加购次数、收藏次数等，都会影响商品的成交。

服务能力主要和订单执行情况、服务响应速度、好评率有关。

如果有信誉销量炒作、类目滥放、成交不卖、标题滥用、重复铺货、超低价或超高价等严重违规行为，卖家将受到违规商品排名靠后，甚至是全店降权后关闭账户的处罚。

淘宝商品详情页的内容、商品属性等与成交有关的信息都会影响商品的成交可能性，也会影响商品在搜索引擎中的权重。

二、淘宝标题关键词收集

淘宝标题关键词的收集工具和途径有哪些？

1. 关键词收集

商品标题制作的流程如下，首先是收集关键词，其次是对收集的关键词进行分析和筛选，再根据关键词组合撰写标题，最后检验标题的质量，选择质量度高的标题，应用到商品标题中。

收集关键词的途径很多，有下拉菜单词、选购热点词、生意参谋、淘宝排行榜、相关论坛等。

1）淘宝首页下拉菜单词

在淘宝首页的搜索框提交产品词，可以获得平台基于大数据推荐的相关关键词，如图 2-2-9 所示。

淘宝商品排序算法影响因素

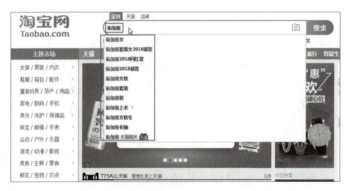

图 2-2-9 淘宝下拉菜单词

2）淘宝搜索结果页面，选购热点词

在淘宝关键词搜索结果页，可以获得平台基于大数据推荐的相关热点词，如图 2-2-10 所示。

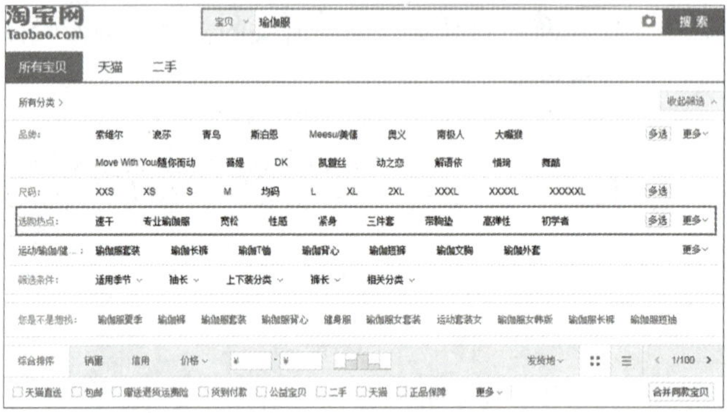

图 2-2-10 淘宝搜索热点词

2. 关键词的选择

一个好的关键词，能够带来流量和成交量，即 UV 的价值要高。理想的关键词与商品的相关性强、搜索人气高、点击率高、转化率高、竞争度小。淘宝关键词的竞争度计算公式为：

关键词竞争度 = 搜索人气 × 点击率 × 支付转化率 / 在线商品数

以表 2-2-2 中的数据为例，选择"韩版夹克"比选择"春秋夹克"更为合适。

表2-2-2 淘宝优质关键词的选择

关键词	搜索人气	搜索热度	点击率	在线商品数	支付转化率	竞争度
韩版夹克	63 245	34 522	123%	2 345	6.8%	0.002 9
春秋夹克	1 264	21 378	34%	6 583	3.1%	0.003 6

3. 标题撰写

优质的标题必须是简洁的，字数符合要求，包含商品的品牌、类目、产品款式、流行元素、产品参数、卖点和促销信息等符合消费者的搜索习惯和淘宝搜索引擎排序标准的能够为商品带来更多流量的关键词。

淘宝标题关键词在布局时，头部权重最大，其次是尾部，再者是中间。

撰写标题的注意事项如下。

（1）30个字尽量全部用完。

（2）标题不宜频繁改动，一般以一周一次局部替换为宜。

（3）商品标题不能大量堆砌关键字，建议通顺，增加客户体验度。

（4）店铺的商品名称，尽量不要与标题雷同。

1. 流量大的词，一定是理想的关键词吗？对店铺而言，理想的关键词，具有哪些特征？
2. 选择商品，登录淘宝首页，利用类目词收集商品的标题，分析标题中关键词的类型。

三、淘宝标题优化

影响商品标题引流效果的因素有哪些？

1. 关键词与类目的匹配

同一个关键词在不同类目下的搜索人气不同，要选择搜索人气旺的类目。比如，在淘宝网搜索"连衣裙"关键词，该关键词的最优匹配类目是女装，如图 2-2-11 所示。

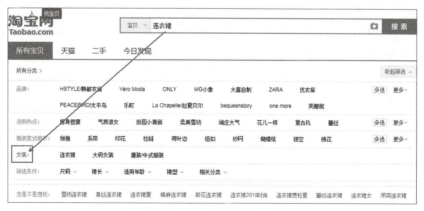

图 2-2-11　淘宝关键词匹配商品类目

如果放入错误的类目,一方面会被降权,另一方面会导致无效曝光,降低相关性得分。正确选择类目,能够提高搜索引擎的相关性得分,也有利于消费者通过类目搜索找到商品。

商品属性应尽可能补全,有利于消费者通过属性的筛选,找到拟采购的商品,如图 2-1-12 所示。

图 2-2-12 淘宝商品属性搜索

2. 注意关键词的排序,不要有空格

当买家用关键词搜索商品,在搜索栏输入关键词"西装"时,系统会进行切词,分别抓取标题中有"西装""装西""西""装"等关键词的商品,从而抓取目标商品。

标题中同时出现"西装"时为最高优先级,即标题中关键词的一般紧密程度为"西装">"装西">"西……装">"西"或"装",即首先抓取包含"西装"标题的商品,再抓取包含"装西"标题的商品,再抓取包含"西……装"标题的商品,最后抓取包含只有"西"或"装"一个字的标题的商品。

3. 新品标题的设置策略

要考虑到新品的商业得分,应该主要选择长尾词、精准词、高转化的词,增加新品的精准化搜索程度,提高成交量,提高商业得分。

有了一定销量,再选择热搜度高的词,提高曝光的机会。

4. 关注平台搜索规则的变化,及时优化标题

影响搜索排序的因素也不是一成不变的,淘宝网非常重视用户的搜索体验,会对搜索排序不定期进行调整。建议卖家经常关注淘宝搜索官方帮派和淘宝论坛等,了解搜索排名规则的变化,以进行相应调整。

5. 标题与引流的质量

关键词是消费者需求的体现。一个好的标题与店铺定位、产品所处的阶段、目标客

户群的搜索习惯密切相关。适合目标消费者的标题，才能引来高质量的流量，才能提高转化率。

考一考

1. 造成商品展现量低的原因有哪些？
2. 造成商品成交量低的原因有哪些？

任务单

提示

完成任务部署，并填写本组考核表。

一、任务指导书

网店商品标题优化的任务指导书如表2-2-3所示。

表2-2-3　任务指导书

任务名称	
时间	
团队	
任务重点	关键词的收集、分析和选择，关键词组合标题，标题效果的检验
任务难点	关键词的选择
任务资源	淘宝平台、生意参谋
任务内容	撰写淘宝网店商品标题，应包含但不限于以下内容： 1. 选择关键词； 2. 撰写标题； 3. 标题检验与优化

评价	自评	组评	组间评	教师评	第三方评

二、任务清单

1. 评价方式

自我评价、任务小组组长评价、小组互评、指导教师评价。

2. 评价内容

团队协作，任务清单完成的数量和质量，任务的逻辑性，专业知识的掌握和应用，方法和能力的提升。任务评价权重如表2-2-4所示。

表2-2-4 任务评价权重

评价维度		评价内容	配分	得分
网店标题优化的学习与借鉴（20%）	1	网店商品标题结构	5	
	2	网店商品标题关键词	5	
	3	网店 SEO	5	
	4	词根	5	
网店标题优化的实施（30%）	5	网店关键词的收集	10	
	6	网店关键词的分析	10	
	7	网店标题的撰写	5	
	8	网店标题优化效果检验	5	
相关知识（30%）	9	网店 SEO 的影响因素	10	
	10	网店商品标题关键词类型	10	
	11	网店商品标题组词结构	5	
	12	网店标题 SEO 评价指标	5	
团队协作（20%）	13	参与度	10	
	14	工作质量	10	

任务拓展

一、学习京东网店 SEO 的影响因素和标题的撰写。

二、学习推荐算法在淘宝网店内容营销中的应用。

知识巩固与拓展

一、知识巩固

1.淘宝标题的字数和结构有哪些要求？影响淘宝标题排序的因素有哪些？

2.请选择 3~5 个关键词，表达本任务的主要知识点。请以思维导图的形式，归纳整理本任务的知识体系。

3.完成在线测验题。

二、拓展

1. 网店 SEO 的影响因素有哪些？
_____
_____

2. 以思维导图的形式，归纳整理影响淘宝网店搜索自然排名的因素。
_____
_____

3. 梳理自己所掌握的知识体系，并与同学相互交流、研讨；以思维导图的形式，归纳整理网店商品标题撰写和优化的基本步骤和方法。
_____
_____

在线试题：淘宝标题优化

自我分析与总结

自我分析
学习中的难点和困惑点

总结提高
完成本任务需要掌握的核心知识点和技能点

完成本任务的典型过程

继续深入学习提高
需要继续深入学习的知识点与技能点清单

任务三 搜索引擎营销（SEM）策划与实施

任务目标

通过本任务的学习，学生应达到以下目标。

一、知识目标

1. 掌握 SEM、淘宝直通车的工作原理。
2. 掌握关键词广泛匹配、关键词精确匹配、关键词质量分、关键词计费的原理和应用方法。
3. 掌握推广计划、推广组、推广创意、定向推广的含义和应用方法。
4. 掌握影响展现量、点击量、点击率、转化率的因素。

二、能力目标

1. 能够建立和优化搜索引擎推广账户。
2. 能够确定搜索推广策略，选择关键词，出价，进行竞价推广。

任务分析与实施

● 任务内容

应用淘宝直通车，掌握直通车推广的一般步骤。

● 任务分析与实施

淘宝直通车推广的一般步骤为，建立推广计划，选择商品、制定推广方案，推广管理和优化。淘宝直通车推广流程，如图 2-3-1 所示。

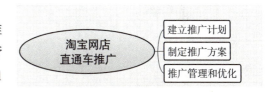

图 2-3-1 淘宝直通车推广流程

步骤一 建立推广计划

为什么要建立推广计划？

建立推广计划主要是为了方便管理广告投放的日限额、投放位置/地域/时间。

直通车如何推广一款宝贝

（1）建立推广计划，如图 2-3-2 所示，确定推广方式、计划名称、日限额。对于首次新建计划，需在单元设置中选择商品，浏览创意。

图 2-3-2　建立推广计划

（2）进行投放设置，主要有投放平台、投放地域和投放时间几项设置条件，如图 2-3-3 所示。

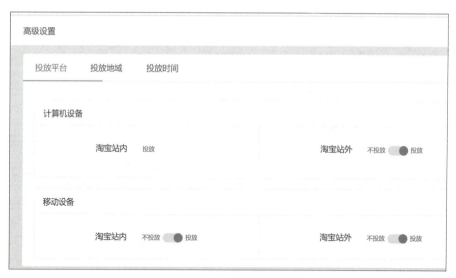

图 2-3-3　推广计划中的投放设置

步骤二　制定推广方案

选择竞价推广关键词的标准是什么？

做一做

每个推广计划下，可以针对不同商品建立多个推广单元。制定推广方案，主要包括关键词的选择、出价和匹配，投放人群的选择和添加创意。

1. 选择商品

选择拟推广的商品，进行单元设置，如图 2-3-4 所示。

图 2-3-4　添加商品

2. 添加关键词

为拟推广的商品添加关键词，如图 2-3-5 所示。

图 2-3-5　淘宝关键词

（1）选择关键词。要从展现量/点击量/转化量、点击率/转化率、点击花费/单价和相关性来综合考虑，进行淘词和选词。

（2）选择关键词匹配方式。关键词匹配方式分为精确匹配、广泛匹配。

精确匹配即卖家投放的关键词与买家搜索的关键词完全相同才能被搜索到。

广泛匹配是指卖家投放的关键词与买家搜索的关键词有一部分相同即可被搜索到。

例如，设置为精确匹配时，卖家投放"棉衣"，买家搜索"棉衣"时可搜索到卖家；设置为广泛匹配时，卖家投放"韩版棉衣"，买家搜索"韩版"或"棉衣"时可搜索到卖家。

根据以上规则，完成表2-3-1。

表2-3-1 关键词匹配方式与搜索展现

买家	卖家		是否被搜到
搜索关键词	竞价关键词	匹配方式	（Y/N）
钻项链	钻项链	精确匹配	
		广泛匹配	
钻石项链		精确匹配	
		广泛匹配	
字母钻项链		精确匹配	
		广泛匹配	

（3）关键词出价。预估关键词排名和点击单价。假如有A、B、C和D四个卖家，用关键词"钻项链"对商品项链做SEM推广，相关性均为5，数据如表2-3-2所示。

表2-3-2 关键词竞价

客户	关键词	相关性	商品绩效	出价/（元/次）
A	钻项链	5	70	2.3
B			40	3.3
C			90	2
D			100	1.9

根据搜索引擎关键词竞价推广计费规则，根据表2-3-2，计算排名和每次点击的付费，完成表2-3-3。SEM得分计算公式为：

$$SEM\text{得分} = \text{质量分} \times \text{竞价价格}$$

$$\text{质量分} = \text{关键词搜索相关性} \times 0.4 + \text{商品绩效} \times 0.06$$

比如，A的SEM得分=（5×0.4+70×0.06）×2.3=9.66 卖家实际为某个SEM关键词的一次点击支付的费用的计算公式为：关键词单次点击付费=该关键词排名下一名的竞价价格×（下一名的质量得分/本组的质量得分）+0.01。

如果没有点击，按照展示不收费、点击付费的原则，不收费。

表2-3-3 关键词竞价排名与点击付费

卖家	关键词	SEM得分	排名	单次点击付费/元
A	钻项链	9.66		
B				
C				
D				

3. 设置定向人群

设置定向人群和溢价，如图2-3-6所示。

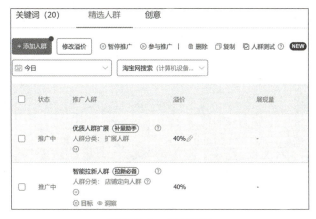

图2-3-6 人群定向

4. 添加创意

编辑视频创意、图片创意和标题，如图2-3-7所示。

图2-3-7 选择商品，进行单元设置

步骤三　推广管理和优化

谈一谈

如何评估直通车的推广效果？

做一做

只有进行了充值，才能开展直通车推广。如果推广预算消耗完，系统自动停止退关。推广计划的充值方式和参与推广，如图 2-3-8 所示。

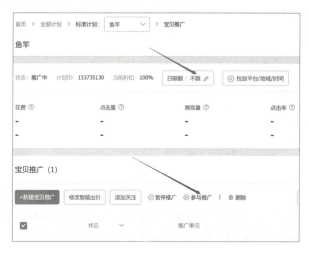

图 2-3-8　推广实施

经过一段时间的推广，积累了数据，在分析现有推广效果的基础上，进一步优化，调整关键词、人群定向、创意，提高流量和转化率，如图 2-3-9 所示。

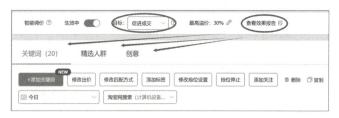

图 2-3-9　直通车优化

相关知识点

一、淘宝直通车推广

直通车推广原理

想一想

淘宝网店运营为何要进行直通车推广？

项目二 设计与策划网络营销推广活动

 学一学

 职业道德

搜索引擎营销（SEM）是通过关键词竞价广告，改变企业网站或商品页面链接在搜索结果页面出现的位置，利用搜索引擎推广商品和服务的营销活动。淘宝直通车，是基于淘宝搜索引擎的营销推广，是一种展示不收费、点击付费的关键词竞价广告。

国家网信办牵头成立联合调查组进驻百度

直通车的投放平台，主要分移动端和PC端，站内和站外。

直通车推广形式根据匹配技术和展示资源的不同可以分为搜索推广和定向推广。

搜索推广是在搜索框中搜索关键词，单击"搜索"按钮进入搜索结果的页面，推广宝贝会展现在淘宝关键词搜索或类目搜索结果页面的展现位右侧或下方的"掌柜热卖"中。淘宝直通车的广告位如图2-3-10所示。

图2-3-10 淘宝直通车的广告位

定向推广，即通过网页内容定向、人群行为习惯定向、人群基本属性定向等人群定向技术，分析不同买家的浏览路径、兴趣和需求，将卖家的商品推广信息展现在买家浏览的网页上。

直通车的操作流程为：建立推广计划，选择宝贝，设置关键词，选择推广图片，创建推广标题，设定投放地域与时间，设定推广预算，完成推广，推广优化。

一个推广计划，可以独立设置限额、投放时间、投放区域、投放平台，并设计关键词和创意。

在淘宝直通车中，一个推广账户有8个计划，每个计划可以建立2 000个宝贝，每个宝贝可以添加的200个关键词，账户结构如图2-3-11所示。

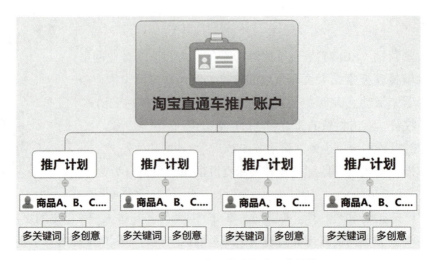

图 2-3-11 淘宝直通车的推广账户结构

淘宝直通车推广账户体系中，各个层级的作用是什么？

二、选择拟推广的宝贝

淘宝直通车推广的商品可以随便选择吗？

转化率是直通车运营的生命线。

提高转化率的关键在于把商品精准投放在购买意愿高、有诚意的买家面前。同时，通过优化直通车广告图的设计把商品的个性特征充分地展现出来，让买家进行"视觉筛选"，让喜欢的买家点击。

因此，商品的选择、主图的设计和详情页的设计，都会影响商品的转化率。

应结合市场热点、客户需求和自身店铺的运营选择拟推广的宝贝。

对于选择的宝贝，要做好主图，主图应清晰，主要属性和创意表达明确，能够充分表达商品的个性，这样可以提高点击率。

商品详情页中整体的视觉设计、销量人气、买家评价、场景图、属性介绍、物流服务和售后服务等要素要全面，才能起到视觉营销的效果，打消买家顾虑，建立信任，提高转化率。

视觉营销，是指通过用户视觉体验来达到商品营销或品牌推广目的的活动。

 考一考

1. 淘宝直通车推广中，影响商品选择的因素有哪些？
2. 新品适合直通车推广吗？

三、关键词选择

 想一想

你最近在淘宝购物中，围绕着一个商品，选择了哪些关键词？其他人购买同一个品类商品时的关键词和你的一样吗？

 学一学

直通车运营的效果很大程度上依赖于关键词的质量和数量。

关键词的质量要求主要是指关键词与商品的匹配情况，要找到那些商品属性词或修饰词中和目标客户相匹配的词，才能把宝贝精准地展现在有需求的消费者面前。

在数量方面，要求有尽量多的合适的关键词，从而形成推广合力来推广商品。

1. 关键词的收集、分类和筛选

一般的找词方法和途径有系统推荐、淘宝首页搜索框、TOP 词表、联想组词和行业热搜词、竞品分析等。

通过收集行业热搜关键词，筛选出与拟推广宝贝相关的转化率高的关键词。

关键词联想，是指通过属性联想、近义词联想扩展关键词的数量。

竞品分析，是指分析竞品的促销策略、推广图片和推广标题，参考其应用的关键词。

关键词可分为精准词、长尾关键词、类目词、热搜词等。

筛选关键词的标准有搜索热度、关键词与商品的匹配度、竞争度等。

2. 选择关键词的匹配方式

直通车的关键词匹配方式有中心词匹配、广泛匹配、精准匹配三种。

若卖家设置了关键词"连衣裙"，选择了中心词匹配方式。除了买家搜索"连衣裙"，能够有机会展示外，买家搜索"白色连衣裙""雪纺白色连衣裙"等包含"连衣裙"的关键词，卖家的商品也有机会展示。

若卖家设置了关键词"连衣裙"，选择了广泛匹配方式。除了买家搜索"连衣裙""白色连衣裙"有机会展示外，买家搜索"夏装连身长裙"等包含"连""衣""裙"三个字的关键词，卖家的商品也有机会展示。

若卖家设置了关键词"连衣裙"，选择了精准匹配方式，则只有在买家搜索"连衣裙"时，卖家的商品才有机会展示。

3. 关键词的出价

影响直通车推广排名得分最主要的两个因素是推广出价和质量得分。

$$排名得分 = 质量分 \times 出价$$

可通过质量分系统判断这个词是否适合推广这个商品。影响质量分的因素包括商品信息质量、关键词与商品匹配的程度、买家喜好度等。直通车关键词的点击率、点击转化率都会影响到质量分。

根据排名的需求、关键词的匹配方式、关键词的质量分和关键词竞价广告的效益，确定关键词的出价。

$$\begin{aligned}直通车效益 &= 当日成交金额 \times 毛利率 - 直通车花费 \\ &= 成交笔数 \times 客单价 \times 毛利率 - 点击数 \times PPC \\ &= 点击数 \times 转化率 \times 客单价 \times 毛利率 - 点击率 \times PPC \\ &= 点击数 \times (转化率 \times 客单价 \times 毛利率 - PPC)\end{aligned}$$

1. 关键词有哪些类型？
2. 关键词的匹配方式有哪些？
3. 影响关键词出价的因素有哪些？
4. 如何提高关键词的质量分？

四、撰写创意和选择推广的图片

总结一下，有哪些因素促使你点击淘宝搜索结果？

有利的展现位置，能够提升展示量和点击率，带来更多的流量，促成交易。但展现了不一定点击，影响点击率的因素除了展现位置外，还有市场需求、标题、图片、价格、优惠、包邮、赠品、成交记录和品牌等因素。因此，并不是出价越高、位置越好，就一定有高点击率和转化率。

通过推广创意，突出产品特征、卖点和促销，吸引顾客眼球，提高创意（标题）和图片的点击率。

举例说明吸引消费者点击创意图片的要素有哪些？

五、设置投放区域和时间

为什么要设定拟投放区域和时间？

受众定向是指通过对用户行为进行数据分析，找出潜在目标用户群的共同行为特征，选择适当的媒体将广告投放给具有相同特征用户的过程。受众定向通过人群划分来售卖广告。

综合考虑预算和推广目标的所在区域、购买时间，选择关键词投放的区域和时间段，如图2-3-12、图2-3-13所示。

直通车—人群出价设置

图 2-3-12　淘宝直通车投放区域设置

图 2-3-13　淘宝直通车投放时间设置

 **考一考**

除了时间和地域,还有哪些定向投放的方式?

六、直通车推广效果的评价

 **想一想**

如何评价直通车推广效果?

 **学一学**

1. 直通车推广评价指标

(1)点击量及点击率。用以考察直通车位置的准确性及展现素材(标题、展现图)的优化效果。

(2)成交转化率。用以考察直通车的精准度、商品选择的精准度。

(3)投资回报率。投资回报率(Return On Investment)是指通过投资而应返回的价值,即获得的收入与投入的成本的比值。在电商中,其等同于卖家的投入产出比,计算公式为:

$$ROI = 成交金额 \div 投入金额 \times 100\%$$

可用来考察广告投入的效果。

2. 直通车推广效果监测

直通车推广效果,可以通过商品报告和关键词报告中的数据,进行分析和优化。

(1)商品报告。商品报告中的数据体现了商品整体的推广效果,主要有曝光量、点击量。

曝光量高、点击量高,说明商品属性与关键词匹配度高,商品吸引客户,只需要优化单次点击花费即可。

曝光量高、点击量低,说明商品属性与关键词匹配度高,但客户对商品不感兴趣,可优化主图。

曝光量低,说明关键词少或者匹配的关键词不多,要改变关键词、数量和匹配方式。

对于提高商品停留时间和增加收藏量或加入购物车次数的关键词,说明消费者喜欢,应作为优质词,加大推广力度。

(2)关键词报告。关键词报告中的数据体现的是具体的关键词的效果,主要有点击率和平均点击花费。

点击率高、平均点击花费高,说明是类目词或者热搜词,此时要考虑推广预算和转化率。

点击率高、平均点击花费低,说明该关键词是长尾关键词。此类词要多挖掘,添加到推广计划中，尽可能找到一些有效果的长尾关键词（曝光量高、点击花费低）。

点击率低、平均点击花费高，说明该关键词推广费用高，但关键词和商品的匹配度低，建议逐渐筛掉，或者优化主图。

点击率低、平均点击花费低，可以提高单次点击花费，提高曝光量后再看一下点击率，决定关键词的取舍。

3. 直通车优化

直通车优化包括推广计划优化、选款优化、图片优化、关键词优化、标题优化、质量分优化、点击率优化、转化率优化，需根据直通车后台数据和竞争商品的变化不断地进行相应调整与优化。

（1）商品推广计划优化。针对新品、主推品、爆款、测试商品，分别设置推广计划。收集推广结果的数据，分析商品在不同的推广地域、推广时间的流量和成交量，分别设置出价和预算，提高精准营销的效果，降低推广成本。

（2）选款优化。对于拟推广的商品，要用少量的资金试推一段时间，分析曝光量、点击率、转化率、客户评价，确定推广的商品。

（3）创意优化。可以设置两组创意，通过不同的主图、相同的标题或不同的标题、相同的主图分别测试，测试出最佳创意和主图。

（4）提高关键词质量得分，降低平均点击花费。参加直通车推广的商品，只要在展位上点击了推广的宝贝就会进行扣费。根据扣费原则，按关键词设定的出价，扣费小于等于出价。

直通车点击的扣费 =（排名下一位的质量得分 × 下一位出价）÷ 质量得分 +0.01 元

其计算如表2-3-4所示。

表2-3-4 关键词扣费的计算

名次	第一名	第二名	第三名	第四名
关键词出价	5	4	3	2
质量得分	5	4	3	2
实际扣费	（4×4）÷5+0.01=3.21	（3×3）÷4+0.01=2.26	（2×2）÷3+0.01=1.34	

影响质量得分的主要因素有创意质量、相关性、买家体验。

创意质量与关键词所在宝贝的推广反馈，包括推广创意的关键词点击反馈、图片质量、收藏、成交、点击率等有关。

相关性，是指关键词与宝贝类目、属性及宝贝本身信息的相符程度。

关键词与宝贝本身信息（宝贝标题、推广创意标题）的相关性，是指如果关键词是在宝贝标题中用到的，特别是在直通车的推广标题中出现过，那么该关键词与宝贝的相关度就会提高。

关键词与宝贝类目的相关性，是指宝贝发布的类目和关键词的优先类目的一致性。

属性相关性是指宝贝的属性信息和关键词相关，比如，连衣裙宝贝属性有红色，关键词"红色连衣裙"的属性相关性就好。

买家体验是根据买家在店铺的购买体验和账户近期的关键词推广效果给出的动态得分，包含直通车转化率、收藏、加入购物车的数量、关联营销、详情页加载速度、好评率和差评率、旺旺响应速度等影响购买体验的因素。

优化关键词的质量分。要求直通车所有计划的质量分最低为6分，所有相关性必须满5格，如图2-3-14所示。所有直通车标题必须满20个字，所有计划创意图不得低于2张。

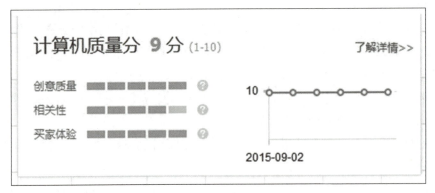

图2-3-14　淘宝关键词质量分

（5）点击率的优化。不同的广告位，点击率不一样。合理出价占据有利广告位置，能够提升展示量和点击率，带来更多的流量。

影响点击率的因素有市场需求、标题、图片、价格、优惠、包邮、有赠品、成交记录、位置、关键词和品牌等。

点击率 = 点击量 / 展现量

点击率与点击量和展现量有关，没有展现量，就没有点击量。因此，在优化点击率前，首先要先优化展现量。

展现量与商家提交的关键词与用户搜索的关键词是否匹配、关键词的出价、关键词的质量度，直接影响的位置和是否展现有关。

点击量与客户看到商品直通车推广的信息是否点击、推广主图、推广标题、30天销量、排名位置、宝贝价格有关，如图2-3-15所示。

（6）关键词的优化策略。首先，分析关键

图2-3-15　淘宝直通车推广主图影响点击量的因素

词和宝贝的相关性是否匹配；其次，分析点击率、转化率和 ROI，决定关键词的添加和删除。

关键词的优化策略如表 2-3-5 所示。

表2-3-5 关键词的优化策略

展现量	排名	相关性	优化策略
高	不分前后	高	调整展现位置，凸显宝贝优势
	前	低	更换关键词
低	后	高	适当提价
无	后	高	适当提价
	后	低	更换关键词
	前	高	更换关键词
点击率	排名	相关性	优化策略
高	后	高	适当提价
	前	高	稳定排名
低	不分前后	高	调整展现位置，凸显宝贝优势
	前	低	更换关键词

关键词按照点击率从高到低排序，对于点击率低的关键词，从推广地域、时间、关键词出价、排名位置、推广主图、推广标题进行优化，如果无效，则更换。

曝光量高、点击率高的词，可以调整出价，控制排在第 1—3 页。

曝光量高、点击量低的词，可以通过修改主图和标题，商品设置促销价格，吸引点击。

曝光量低，尝试提高出价，观察数据，如果不理想，就要删掉。

曝光量适当、点击量适当、转化率可以的，则要优化属性。

4. 直通车策略

（1）结合商品生命周期，确定直通车策略。商品在某一段时间开始进入市场，而在这段时间的销量增加不明显，即为导入期。然后，随着市场需求的增加、卖家的推广，销量也渐渐增加，这时商品就过渡到了成长期。接着，商品在市场上销售了一段时间后，需求量达到最大，这时就进入成熟期。最后，商品的销售量开始减少，进入衰退期。

结合不同运营周期，确定直通车策略，如表 2-3-6 所示。

表2-3-6 不同运营周期直通车的策略

工作项	任务	导入期	成长期	成熟期	衰退期
直通车基础设置	时间折扣	保持行业模板	适当提升百分比，保持排名	适当提升百分比，保持排名	—
	地域投放	针对产品的购买人群，进行区域化设置投放	逐渐扩大流量的投放区域	根据实际情况，可以采取全投	控制购买力下降地区的投放
	站外投放	低折扣投放10%~50%，测试期间、站外不考虑	根据转化数据适当加大投放折扣力度	根据实际情况增加到200%，实现流量最大化	根据实际情况，保持
	类目投放	排名可以靠后，培养点击反馈	根据点击反馈，适当提升排名	根据点击反馈，适当提升排名	根据实际情况，保持
	店铺推广	利用集合页面测试	单一页面结合集合页面辅助引流	单一页面结合集合页面辅助引流	集合页面流量转移
	直通车活动	测试周期不考虑	不报名，稳定同时期的其他推广	报名	报名，需要注意流量转移
关键词策略	流量	适当控制，以测试为主，流量以满足转化需求为主	增加关键词与店铺推广，引入流量	增加关键词与店铺推广报名活动，获取更多流量	稳定，转移
	出价	行业平均出价	根据数据增长把控，微升价格，引入流量	根据实际数据增长把控	控制花费高、产出低的流量
	匹配方式	精准匹配	中心匹配、广泛匹配	广泛匹配	广泛匹配
	投放词量	精准词为主，词量200个左右	精准+热搜并存，词量在400~800个	精准+热搜并存，词量在400~800个	稳住流量，控制效果下降的词
	展现排名	保持在30~100名	保持在1~40名	保持在1~30名	保持在1~40名

（2）直通车推广与SEO综合应用。比如，新品开始没有销量，可以通过直通车引流，产生销量。在此基础上，分析商品的引流关键词和成交关键词，添加到商品标题、详情描述中，优化网店，提高网店的权重。随着自然搜索流量的增加，可适当降低直通车的投入。

考一考

（1）如何进行直通车推广效果的评价和监测？

（2）直通车优化的方法有哪些？

（3）直通车推广策略有哪些？

任务单

一、任务指导书

提示

完成任务部署,并填写本组考核表。

搜索引擎营销(SEM)策划与实施的任务指导书如表2-3-7所示。

表2-3-7 任务指导书

任务名称				
成员分工			时间	
任务重点	关键词的选择、匹配方式选择、出价;直通车推广的策略和优化			
任务难点	关键词选择,质量分和出价;直通车推广优化			
任务资源	淘宝生意参谋			
任务内容	SEM推广,包含的内容要素有以下几项: 1. 建立账户体系; 2. 选择关键词,出价; 3. 制定推广预算,实施竞价推广; 4. 竞价推广效果的评估			
评价	自评	组评	组间评	教师评	第三方评

二、任务评价

1. 评价方式

自我评价、任务小组组长评价、小组互评、指导教师评价。

2. 评价内容

团队协作,任务清单完成的数量和质量,任务的逻辑性,专业知识的掌握和应用,方法和能力的提升。任务评价权重如表2-3-8所示。

表2-3-8 任务评价权重

评价维度		评价内容	配分	得分
SEM任务分析(20%)	1	SEM的基本步骤	5	
	2	SEM的应用场景	5	
	3	SEM的流量特点	5	
	4	SEM营销评价	5	

续表

评价维度		评价内容	配分	得分
SEM任务实施（30%）	5	SEM推广计划与推广组	10	
	6	关键词的选择与出价	10	
	7	关键词匹配方式的选择	5	
	8	关键词排名预估	5	
相关知识（30%）	9	SEM	10	
	10	SEM得分的计算	10	
	11	定向投放	5	
	12	搜索漏斗转化模型	5	
团队协作（20%）	13	参与度	10	
	14	工作质量	10	

任务拓展

百度搜索引擎关键词竞价推广的学习。

1. 百度凤巢的前世今生！
2. 一张图读懂百度搜索推广。
3. 教你如何两步完成一站式标准账户搭建。（百度营销）
4. 人群投放|带你体验全新搜索推广投放方式！（百度营销）

一张图读懂百度推广

百度搜索引擎关键词竞价推广

知识巩固与拓展

一、知识巩固

1. 搜索引擎关键词竞价推广能够实现的营销目标有哪些？为什么选择付费推广？关键词竞价广告的排名规则及计费规则是怎样的？如果搜索引擎推广主要面对国外客户，如何选择搜索引擎服务商？

如何两步完成一站式标准账户搭建

2. 请选择关键词，表达本任务的主要知识点。请以思维导图的形式，归纳整理本任务的知识体系。

3. 完成在线测验题。

二、拓展

以思维导图的形式，归纳整理影响关键词竞价广告排名的因素。

在线试题：SEM

自我分析与总结

自我分析
学习中的难点和困惑点

总结提高
完成本任务需要掌握的核心知识点和技能点

完成本任务的典型过程

继续深入学习提高
需要继续深入学习的知识点与技能点清单

任务四　网络广告推广策划与实施

任务目标

通过本任务的学习，学生应达到以下目标。

一、知识目标
1. 了解网络广告的目的、形式和特点，以及信息流广告的含义和特点。
2. 掌握网络广告计费的方法。
3. 掌握网络广告程序化购买的原理。
4. 掌握网络广告评价指标体系。

二、能力目标
1. 能够选择网络广告形式和发布平台。
2. 能够策划网络广告推广方案。
3. 能够利用自媒体发布广告。
4. 能够制定网络广告评价指标。

任务导入

● 任务内容

"夏日青春漾"是爱奇艺于2016年8月创建的"青春狂欢季"主题活动，活动把握年轻用户娱乐新趋势、与年轻用户协同，以青春、阳光的内容价值观，为用户营造夏日独特体验。该活动汇集了爱奇艺平台优质内容资源和演艺界人士互动资源，通过线上追剧、追综艺，线下看展、观影、见自己喜欢的艺人等多元形式，为用户打造更具互动感、沉浸感的夏日狂欢活动。爱奇艺希望通过网络广告，推广该活动，提升活动的热度。

针对爱奇艺"夏日青春漾"网络广告案例，按照网络广告策划和实施的一般步骤，即确定网络广告目标、受众、投放渠道、实施和评估，进行案例分析和借鉴。

● 任务分析与实施

网络广告推广的基本步骤为：确定网络广告的目标，分析受众，选择投放渠道，制作素材，网络广告投放，效果评估和优化，具体如图2-4-1所示。

图 2-4-1　网络广告推广策划与实施的流程

步骤一　确定网络广告的目标

通过网络广告能够实现哪些营销价值？

案例借鉴

传漾原生广告掀起爱奇艺夏日青春风暴

网络广告的目的是通过信息沟通使消费者对品牌的认知、情感、态度和行为产生变化，从而实现企业的营销目标。

随着国内主流视频媒体之间的竞争进入白热化阶段，自制 IP、线下活动成为快速笼络受众的有效工具，爱奇艺面临的问题是，如何在众多视频媒体中突显自身的形象特质，获取稳定忠诚的粉丝受众。

爱奇艺希望把"夏日青春漾"活动的网络广告，精准送达目标人群，吸引受众参与线下活动，提升爱奇艺活动热度。

步骤二　确定网络广告的目标受众

网络广告的目标受众如何确定？

爱奇艺"夏日青春漾"活动，主要面向 18~28 岁的时尚年轻用户。他们酷爱潮流，极具个性，通常是"追星族""影视迷""综艺控"，富有娱乐精神和青春活力。

步骤三　选择投放媒介

网络广告的投放媒介有哪些？

信息技术的发展和广泛应用，特别是移动媒体及社交媒体的出现，促使网络广告行业的媒介生态环境发生了巨大改变，数字营销在网络广告中得到广泛应用。

传漾科技是一个智能数字营销引擎网络广告公司，该公司建立了 RTB 实时广告竞价系统。该系统由 DSP 需求方平台、SSP 供应方平台、DMP 数据管理平台构成。在大数据分析的基础上，细分目标受众，匹配对应位置，筛选最为适合的广告信息，实现原生广告的位置原生、内容原生和情景原生的投放。针对受众的碎片化时段和不同状态的场景模式，创意内容、千人千面、精准营销，提高网络广告的效果。

步骤四　网络广告实施和评估

如何评估网络广告的效果？

通过媒体优选结合创意定制的模式，为爱奇艺活动传播提供优质的媒介环境，实现精准曝光。同时，配合不同受众的兴趣话题，令创意轮播，用最适合的创意触达目标受众。

（1）媒体优选，广泛覆盖。追踪受众 App 使用轨迹，圈定新闻类、阅读类、视频类、生活类、财经类等高活跃＋高关注度的 App，精准有效触达。

（2）创意定制，深度触达。创意制作，用重力感应、360°全景、震动效果、左右切换等多种创意互动形式快速吸引眼球。

原生广告内容与受众精准触达。在不同情境下，通过不同的心情，用不同的文字广告触达受众，让原生广告深入人心，做到情境原生。结合地方文化特色投放地域特性广告，实现地域原生。根据 Samedata 分析受众兴趣，筛选原生投放环境，根据不同受众的特点，选定感兴趣的话题方式进行沟通对话，实现话题原生。

将目标受众分为"追星族""影视迷""综艺控""爱奇艺活动"四大类，结合不同兴趣点制定多款创意分类触达，走进受众内心深处。

（3）广告效果。项目实际曝光完成率达 114%，点击完成率达 186%，点击通过率达 3.65%，广告触达超过预期，极大提升了爱奇艺活动的传播声量与其品牌影响力。

相关知识点

一、认知网络广告

网络广告的作用有哪些？

 学一学

1. 网络广告

自 2016 年 9 月 1 日起施行的《互联网广告管理暂行办法》指出，互联网广告是指通过网站、网页、互联网应用程序等互联网媒介，以文字、图片、音频、视频或者其他形式，直接或者间接地推销商品或者服务的商业广告。

网络广告的形式多样，根据不同的分类标准会有不同的类别，有网站首页的硬广，有搜索引擎竞价关键词广告，还有电子邮件广告和定向广告等。

据艾瑞咨询《2020 年中国网络广告市场年度洞察报告（简版）》显示，2019 年度中国网络广告市场规模达到 6 464.3 亿元，同比增长 30.2%，预计在 2022 年市场规模突破万亿大关。2015—2022 年中国不同形式网络广告市场份额如图 2-4-2 所示。

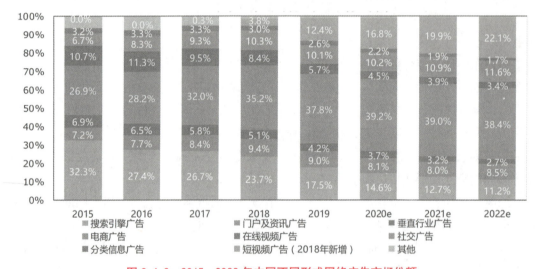

图 2-4-2　2015—2022 年中国不同形式网络广告市场份额

2. 网络广告的特点

网络广告与电视、报刊、广播三大传统媒体及各类户外媒体、直邮、黄页相比，具有得天独厚的优势。

从沟通模式上来看，传统广告的传播特点是大面积强势信息灌输，受众不明确，在信息传送和反馈之间是隔离、非交互和非实时的。

网络广告沟通模式是一种"拉"和"互动"相结合的模式，信息传送和反馈之间是交互和实时的。表现形式多样，既有文字，也有图片广告和多媒体，还可以借助超链接使网络用户获得更多的信息，这突破了传统广告的局限。

网络广告的针对性明确。通过用户数据分析，建立用户画像。用户画像可帮助广告主分析市场与受众，从而有针对性地投放广告，并根据用户特点进行定点投放和跟踪分析，对广告效果进行客观准确的评价。

比如，淘宝网站基于消费者以往的网络浏览行为、购买习惯及兴趣偏好等数据的分析，判断消费者的需求，针对不同消费者的标签、行为和爱好，推送个性化的页面，实现千人千面，提高消费者满意度。

3. 网络广告的营销功能

网络广告实现的营销职能主要有品牌建设、促销推广和网站引流。

1）品牌建设

网络广告最主要的效果之一是提升企业的品牌价值。在所有的网络营销方法中，网络广告的品牌推广价值最为显著。

2）推销商品或者服务

用户由于受到各种形式的网络广告吸引而获取产品信息，网络广告已成为影响用户购买行为的因素之一。尤其是当网络广告与企业网站、网上商店等网络营销手段相结合时，产品促销活动的效果更为显著。网络广告对于销售的促进作用不仅表现在直接的在线销售，也表现在用户通过互联网获取产品信息后对线下销售的促进。

网络广告直接与消费者沟通，信息详细、具体、方便，能够有效地刺激和引导消费者的购买行为。经典的 AIDA（A，Attention，注意；I，Interest，兴趣；D，Desire，欲望；A，Action，行动）法则仍是网络广告在确定广告目标过程中值得遵循的规律。与传统广告媒体不同的是，网络广告的 AIDA 可以一气呵成，直接在网上完成 AIDA 的最重要一环——把广告阅读转化为行动。

3）网站引流

互联网广告与传统广告行业的最大区别在于引进流量。在保证流量的基础上尽可能地精准投放，提高网络广告的 PV、UV 和 ROI 等。

中国网络广告市场年度监测报告 – 艾瑞咨询

4. 网络广告的计费方式

1）CPA

CPA（Cost Per Action）指每次行动的费用，即根据每个访问者对网络广告所采取的行动收费的定价模式。对于用户行动有特别的定义，包括形成一次交易、获得一个注册用户，或者对网络广告的一次点击等。

2）CPC

CPC（Cost Per Click）指每次点击的费用。根据广告被点击的次数收费的定价模式。关键词广告一般采用这种定价模式。

3）CPM

CPM（Cost Per Mille/Cost Per Thousand Impressions）指每千次印象费用，即根据广告条每显示 1 000 次（印象）的费用定价模式。CPM 是最常用的网络广告定价模式之一。

4）CPO

CPO（Cost Per Order）也称为 Cost Per Transaction，即根据每个订单 / 每次交易来收费的方式，比如淘宝客。

5）PPC

PPC（Pay Per Click）是根据点击广告或者电子邮件信息的用户数量来付费的一种网络广告定价模式。

6）PPL

PPL（Pay Per Lead）是指根据每次通过网络广告产生的引导付费的定价模式。例如，广告客户为访问者点击广告完成了在线表单而向广告服务商付费。这种模式常用于网络会员制营销模式中为联盟网站制定的佣金模式。

7）PPS

PPS（Pay Per Sale）指根据网络广告所产生的直接销售数量而付费的一种定价模式。

8）CPTM

CPTM（Cost Per Targeted Thousand Impressions）指根据经过定位的用户（如根据人口统计信息定位）的千次印象费用的定价模式。CPTM 与 CPM 的区别在于，CPM 是所有用户的印象数，而 CPTM 只是经过定位的用户的印象数。

 考一考

1. 网络广告的形式有哪些？
2. 网络广告传递了何种营销信息？请举例说明。
3. 网络广告与其他传统媒体广告相比，在表现形式上有何区别？
4. 网络广告的计费方式有哪些？各自的优劣势是什么？

二、选择网络广告投放平台

 想一想

网络广告平台有哪些？广告费如何计算？

 学一学

1. 网络广告投放渠道

网络广告的投放渠道多种多样，有新闻门户网站、电子商务网站、多媒体平台、程序化购买平台、分类信息网站等。

1）互联网广告交易平台

互联网广告主可以通过互联网广告交易平台，以程序化购买广告位的方式发布广告。程序化购买是指广告交易平台按广告供需双方的要求，执行广告的匹配和展示，完成广告的投放。

Ad Exchange 就是互联网广告交易平台，平台通过竞价匹配的方式服务广告交易买卖

双方。为了更好地满足广告买卖双方更多、更具体的需求，与此交易平台伴生，出现了 DSP、SSP、DMP、RTB、PMP 平台。

SSP（Supply Side Platform）即供应方平台，面向广告售卖方，网站主或网站代理可以管理各自的广告位。专注于广告位优化、展示有效性优化、展示竞价优化。当消费者浏览网站时，此次曝光机会被收集到 Ad Exchange 中。

DMP（Data Management Platform）即数据管理平台，面向广告交易中的买卖双方。专注于提供数据分析、数据管理、数据调用。可以在交易过程中，让买卖双方对受众有更深入的理解，知己知彼，各取所需。

DSP（Demand Side Platform）即需求方平台，面向广告购买方。广告主或广告代理可设定购买的受众、投放标准及广告出价等。专注于定向技术、自动优化、动态出价及创意优化。

RTBChina《中国程序化广告技术生态图》

Trading Desk 是广告代理商进行数字化广告投放的工具。通过对接多个 DSP 来进行广告的优化投放。同时，Trading Desk 还可以直接对接媒体、Ad Network 和 PMP。

RTB（Real Time Bidding）即实时竞价，是一种利用第三方技术在数以百万计的网站或移动端针对每一个用户展示行为进行评估及出价的竞价技术。与大量购买投放频次不同，实时竞价规避了无效的受众到达，而是针对有意义的用户进行购买。

PMP（Private Market Place）即私有交易市场，将传统的私有交易方式与程序化广告的工作方式相结合而形成的新互联网广告交易形式。广告主预先采购或者预订有字版位，获取优质流量，再用程序化的方式来管理这些流量的广告投放，让受众只看到自己想看的广告。

2）程序化购买广告竞价、交易和展示过程

步骤 1：假设用户使用 Web 浏览器访问某媒体网站，该网站在展现内容给用户的同时，也通过广告位展示广告主的广告，取得收益。该广告位可以自己销售，也可以通过 RTB 方式进行售卖。

步骤 2：该媒体网站将广告位信息及浏览用户的信息传递给广告交易平台，比如淘宝 ADX。传递的信息包括 URL、广告位置、广告尺寸、用户 Cookie ID 等。

步骤 3：广告交易平台 ADX 向对接的一家或者多家 DSP 发送竞价请求。

步骤 4：某个在线 DSP 服务器接收到 ADX 广告交易平台的请求，将数据传递给 RTB 竞价引擎。

步骤 5：RTB 竞价引擎匹配广告位和广告主的需求，包括广告主选择的人群兴趣爱好、回头客、地域、年龄等信息匹配，决定是否参与竞价及竞标价格。如果参与竞价，就生成一个竞价响应，竞价响应包括竞标价格，以及广告等其他信息，并把它传递给 DSP 服务器。

步骤 6：DSP 服务器会发送竞价响应给广告交易平台 ADX。

步骤 7：ADX 在接收到所有 DSP 服务器的响应或者截止期限到达后进行竞拍。决出本次广告曝光竞价交易的赢家。

步骤8：ADX通知用户Web浏览器广告竞拍的赢家。用户Web浏览器发送广告曝光请求给广告素材所在的广告服务器。

步骤9：广告服务器把广告素材发送给用户所在的Web浏览器。

步骤10：该广告在用户的Web浏览器上得到展示。

如果用户对该广告感兴趣，会采取进一步的行动。

以上即为从用户浏览网站到广告展示的全部过程，这个过程在短短100毫秒内全部完成。

3）应用程序化购买的网络广告交易平台

（1）阿里妈妈。阿里妈妈旗下电商营销产品平台包括搜索营销（淘宝/天猫直通车）、精准定向营销（定向及钻石展位）、内容营销（淘宝客）、激励营销（麻吉宝）、全民互动分享、无线营销及商机勘察等。目前，阿里妈妈整体客户数突破100万，合作媒体超4 000家，与10万家App达成合作，媒体矩阵日均PV达200亿，覆盖中国98%的人群。

（2）腾讯社交广告。腾讯社交广告是由腾讯公司推出的效果广告系统。它是国内领先的效果广告营销平台，依托腾讯海量优质流量资源，给广告主提供跨平台、跨终端的网络推广方案，并利用腾讯大数据处理算法实现成本可控、效果客观、智能投放的互联网效果。

腾讯凭借旗下QQ、微信两大超级入口，以及QQ空间、腾讯微博等社会化媒体，获得了过半的社会化媒体广告机营销市场份额。

（3）百度网盟。百度网盟展示推广，是指搜索引擎服务商联合在线内容提供商的网站，形成联盟网站，以联盟网站为基础，形成推广平台。

以百度为例，当网民使用百度搜索"手机"信息时，搜索推广将企业的推广信息展示在搜索结果页面。当网民浏览到其他联盟网站时，可以在网民终端的网页上显示更多与手机有关的推广信息，从而覆盖网民更多的上网时间，对网民的影响更加深入持久，有效帮助企业提升销售额和品牌知名度。

2. 网络广告投放平台的选择

企业在广告宣传策划中，该怎样投放网络广告媒体，才能够达到比较好的营销效果？企业在确定其广告投放策略时，应该考虑到用户对网络媒体的关注行为特征，从而有效地利用网络媒体广告资源，达到吸引消费者眼球的目的，从而更好地完成产品销售，取得互惠互利的效果。

企业投放网络广告，应该综合考虑，具体分析广告的特性、广告的目标、要达到的效果、费用支持的能力，以及同类行业中竞争对手的媒体选择情况等。

网络广告的投放要考虑以下因素。

（1）站点的流量，这是影响网络广告效果的基本因素。

（2）广告目标受众与网络广告媒介受众相匹配。

（3）广告投入与产出相匹配。

（4）广告监测效果、广告发布管理网站技术力量与服务。

从各个方面综合考虑，才能达到最好的网络广告媒体投放效果，使企业取得较好的营销收益。

1. 网络广告的投放渠道有哪些？
2. 如何进行网络广告媒体资源选择？投放平台选择的基本原则有哪些？
3. 如何进行网络广告预算的制定？

三、网络广告效果的监测和评价

如何进行网络广告的评估？

网络广告效果的评估指标一般有以下几种，广告主可结合自身广告效果评估的要求，进行效果综合评估。

1）广告曝光次数（Advertising Impression）

广告曝光次数是指网络广告所在的网页被访问的次数，这一数字与网站的流量密切相关。网站的流量越高，广告曝光次数越高，该广告被看到的机会就越多。但是，曝光次数并不等于广告的实际浏览人数。

2）点击次数与点击率（Click&Click Through Rate）

网民点击网络广告的次数，称为点击次数。点击次数可以客观、准确地反映广告效果，点击行为表示消费者对广告感兴趣，并有进一步了解的欲望。点击率是指网上广告被点击的次数与被显示次数之比，是反映网络广告效果最直接、最有说服力的量化指标，与曝光次数相比，这个指标对广告主的意义更大。

3）网页阅读次数（Page View）

浏览者点击网络广告之后，即进入介绍产品信息的主页或者广告主的网站。浏览者对该页面的一次浏览阅读，称为一次网页阅读。这个指标也可以用来衡量网络广告效果，它从侧面反映了网络广告的吸引力。

4）转化次数与转化率（Conversion&Conversion Rate）

转化被定义为受网络广告影响而形成的购买、注册或者信息需求。

转化次数就是受网络广告影响所产生的购买、注册或者信息需求行为的次数。网络广告的转化次数包括两部分，一部分是浏览并且点击了网络广告所产生的转化行为的次数，另一部分是仅仅浏览而没有点击网络广告所产生的转化行为的次数。

转化次数除以广告曝光次数，即得到转化率。

5）销售额

对于希望通过网络广告直接提升电子商务网站的销售额这一目标而言，网络广告效果评估最直观的指标就是网上销售额及增长情况。

基于网络信息技术，网站能够记录潜在消费者是从哪个网站链接而来，购买了多少产品、什么产品等情况，从而让广告主直接评估网络广告的效果。

考一考

1. 网络广告的评估原则有哪些？
2. 网络广告的评估指标有哪些？

任务单

一、任务指导书

策划网络广告推广的任务指导书如表2-4-1所示。

提示

完成任务部署，并填写本组考核表。

表2-4-1 任务指导书

任务名称					
成员与分工			完成时间		
任务重点	网络广告平台的选择，网络广告效果的监测				
任务难点	网络广告程序化购买				
任务资源	搜狐广告、百度广告、阿里妈妈、腾讯广告				
任务内容	网络广告任务，主要包含的内容要素有如下几个： 1. 确定网络广告目标； 2. 确定网络广告受众； 3. 选择网络广告媒介； 4. 进行网络广告效果评估				
评价	自评	组评	组间评	教师评	第三方评
得分					

二、任务评价

1. 评价方式

自我评价、任务小组组长评价、小组互评、指导教师评价。

2. 评价内容

团队协作，任务清单完成的数量和质量，任务的逻辑性，专业知识的掌握和应用，方法和能力的提升。任务评价权重如表 2-4-2 所示。

表2-4-2　任务评价权重

评价维度		评价内容	配分	得分
网络广告案例的学习（20%）	1	网络广告的监管	5	
	2	网络广告形式	5	
	3	网络广告投放渠道	5	
	4	网络广告的计费	5	
网络广告实施（30%）	5	H5网络广告的主题	10	
	6	H5网络广告要素	10	
	7	H5网络广告的制作	5	
	8	H5网络广告的传播	5	
相关知识（30%）	9	网络广告	10	
	10	网络广告策划	10	
	11	网络广告计费	5	
	12	网络广告评价	5	
团队协作（20%）	13	参与度	10	
	14	工作质量	10	

任务拓展

1. 自 2015 年新修订的《中华人民共和国广告法》实施以来，我国发布的与网络广告有关的法规有哪些？网络广告与传统广告的区别有哪些？在微信朋友圈发布广告违法吗？

2. 简述腾讯平台网络广告投放的基本步骤。

3. 简述网络广告主要的投放渠道、形式和计费标准。

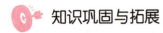 知识巩固与拓展

一、知识巩固

1. 网络广告策划包括哪些基本内容?
___
___

2. 网络广告的形式有哪些？什么是信息流广告？网络广告的投放渠道有哪些？网络广告的计费标准有哪些，各有哪些优点和缺点？网络广告评价的指标体系包括哪些内容？
___
___

3. 请选择 3~5 个核心关键词，表达本任务的主要知识点。请以思维导图的形式，归纳整理本任务的知识体系。
___
___

4. 完成在线测验题。
___
___

二、拓展

1. 以思维导图的形式，归纳整理网络广告投放的平台与网络广告的产品。
___
___

2. 梳理自己所掌握的知识体系，并与同学相互交流、研讨；以思维导图的形式，归纳整理网络广告投放的基本步骤和方法。

在线试题：网络广告

___
___

自我分析与总结

自我分析
学习中的难点和困惑点

总结提高
完成本任务需要掌握的核心知识点和技能点

完成本任务的典型过程

继续深入学习提高
需要继续深入学习的知识点与技能点清单

任务五　内容营销与新媒体整合营销推广策划与实施

任务目标

通过本任务的学习，学生应该达到以下目标。

一、知识目标

1. 理解内容营销、整合营销的内涵。
2. 了解新媒体、自媒体、社会化媒体的区别和联系。
3. 掌握六度分割理论、4I、社群、社交、FABE法则、社会化网络的内涵和实际应用方法。

二、能力目标

1. 能够创作内容营销文案。
2. 能够构建内容营销传播渠道，提高内容营销的传播力。
3. 能够对内容营销的效果进行评估和优化。

任务导入

● **任务内容**

用户思维塑造品牌IP，成就自然主义国货首选品牌

2001年创立于上海的自然堂，以中国哲学思想为基础，倡导乐享自然、美丽生活的理念，针对中国人的文化氛围、饮食习惯和肌肤特点，甄选珍稀天然成分融合先进科技，致力于为消费者提供更好更专业的产品和服务。

索象创立于2003年，总部位于互联网之都（杭州），以"让中国品牌成为世界语言"为使命，通过"整合营销"的全局策略和"数字营销"的技术导向，成为助力企业打造中国品牌的数字化整合营销服务商。该公司为企业提供基于整合营销全产业链的数据驱动、品牌战略、营销策略、内容创意、互动传播等相关咨询和服务。

通过索象提供的完整的自然堂品牌实战案例和网络资源，分析双方是如何围绕着"喜马拉雅"IP，以持续创意内容为核心，社会化媒体为介，整合营销的方法，帮助一款研发原料和文化均源自中国的护肤产品，成为知名的美妆品牌。

● **任务分析与实施**

内容营销与整合营销的基本步骤为确定营销目标，整合内容，构建营销推广渠道开展整合营销，效果评估，具体可概括为四步，如图2-5-1所示。

项目二　设计与策划网络营销推广活动

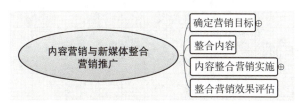

图 2-5-1　内容营销与新媒体整合营销推广流程

步骤一　确定营销目标

索象：打造品牌独特价值，五年封顶美妆之王

内容营销更适合于实现哪种网络营销的目标？

自然堂的营销目标

1）品牌

2009年双方合作之初，索象对自然堂品牌进行了全面的SWOT分析，提出了面对竞争激烈、产品同质化严重、概念泛滥的美妆护肤品行业，区别于化妆品和护肤品所带来的工业气息，区隔于国内护肤品牌，打造能传播中国文化、凸显中国品牌的产品的方案。

为了给自然堂找到"自然"特性的契合背书，最终确定将"喜马拉雅"定位贯穿自然堂品牌始终。通过品牌与喜马拉雅基因的紧密联系，在消费者心中深化品牌IP形象，构建品牌"护城河"。

为了实现将自然堂从中国品牌打造成中国品牌门面的目标，如图2-5-2所示，双方共同规划了品牌升级路线，从自然品牌向喜马拉雅自然主义品牌塑造；借势"中国高度"奠定品牌高度与品质；强调"自然"特性，植入"喜马拉雅"基因；聚焦传奇成分、尖端科技、超卓品质、卓越功效、高级美感，持续推出喜马拉雅产品系列。

图 2-5-2　整合营销目标

2）销售额

2019年1月，提出要在2021年珈蓝成立20周年之际，实现"3个100亿"目标，即美妆店渠道100亿元、电商渠道100亿元、商超渠道100亿元。

做一做

确定此次营销的目的。

职业素养

秦火火网络造谣

步骤二 整合内容

 想一想

你见过哪些有吸引力的内容营销文案？请举例。

 学一学

以自然堂产品从喜马拉雅取材、运输、提炼、研发为基础整合内容，支撑"喜马拉雅"品牌概念贯彻落地。

喜马拉雅山脉有世界上最大的冰川，有地球上最纯净的冰川水。围绕着以纯净无污染冰川水为新产品的原料这一内容，撰写文案，如图 2-5-3 所示。

喜马拉雅山拥有的具有抗氧化能力的植物、孕育于亿万年前具有超强能量的海洋矿物质、万千色彩和美妙气息、古老的文化传承等，都是文案创作的灵感之源，如图 2-5-4 所示。

图 2-5-3 内容整合——喜马拉雅冰川水　　图 2-5-4 内容整合——喜马拉雅植物

Logo 选择清亮水鸭色，让 Logo 更醒目、抢眼，又葆有自然气息，如图 2-5-5 所示。

图 2-5-5 内容整合——品牌 Logo

步骤三 内容整合营销实施

网络广告投放平台和途径有哪些?

1)官网建设

在官网体现品牌调性的 banner 中加入"喜马拉雅"的元素,如图 2-5-6 所示。

用自然、时尚、年轻的流行色演绎清新风,用自然的广告语,体现自然堂对"自然"的追求,如图 2-5-7 所示。

图 2-5-6　banner 内容与品牌调性统一

图 2-5-7　广告内容与品牌调性统一

2)天猫旗舰店

首页设计符合自然堂天然天成的调性,融入"喜马拉雅"元素,如图 2-5-8 所示。

图 2-5-8　天猫官网内容与品牌调性统一

3)"喜马拉雅"真人秀

为推广全新防晒产品,自然堂邀请知名人士在喜马拉雅进行了一场 72 小时挑战实验,创造了图文、视频、动图等大量适合社交媒体传播的素材，通过社交渠道持续释放热度，最终使相关的话题曝光量高达 2.3 亿，且持续发酵。

4）小红书

自 2015 年起，索象持续为自然堂的小红书账号进行策划，撰写并发布推文，如图 2-5-9 所示。目前已累积 5 000 篇文章，成功吸引 10 000 余篇"自来水贴"，持续更新的优质内容使自然堂粉丝数量从 0 涨至 14 万。

5）微信公众号

自 2013 年起，索象为自然堂建立自有微信公众号，策划、撰写并发布公众号推文，如图 2-5-10 所示。目前已累积 125 篇文章，平均阅读量达 5 万，公众号后台粉丝数量已达 25 万。

图 2-5-9　小红书内容整合营销

图 2-5-10　微信公众号内容整合营销

6）微博

自 2013 年起，索象持续为自然堂在微博平台策划、撰写并发布微博博文，目前已累积微博 9 000 余条，成功吸引大量粉丝关注，粉丝数量已达 260 多万，令品牌与用户无缝接触，实时互动，如图 2-5-11 所示。

7）抖音

自 2017 年起，索象持续为自然堂在抖音策划视频脚本和抖音话题，有趣的内容创造了巨大曝光量，目前粉丝已达 8.2 万，共计 86.5 万次点赞，"抵御地表强紫外线"话题视频播放量高达 33.9 亿次，如图 2-5-12 所示。

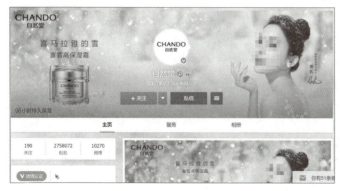
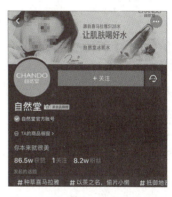

图 2-5-11　微博内容整合营销　　　　　图 2-5-12　抖音内容整合营销

8）与《人民日报》新媒体合作

自然堂以国货的身份，携手《人民日报》新媒体，推出"报"款联名产品，致敬"白衣执甲，勇于献身"的担当之美、"不畏强手，敢打敢拼"的拼搏与自信之美，为奋力拼搏的时代之姿喝彩助威，如图 2-5-13 所示。

9）组织环保公益活动，提升品牌内涵

自然堂从 2016 年开始开展"种草喜马拉雅"环保公益活动，四年来已种植四百万平方米绿麦草，众多知名人士成为种草行动公益合伙人，守护自然堂冰肌水的源头，为喜马拉雅生态贡献绿色的守护力量，如图 2-5-14 所示。

图 2-5-13　《人民日报》新媒体内容整合营销　　　　图 2-5-14　公益活动与内容营销

步骤四　整合营销效果评估

评估内容营销效果的指标有哪些？

自然堂成为中国第一个有自己"DNA"的品牌，也成为全球较少拥有品牌源头的品牌，

"喜马拉雅"也变成自然堂最大的 IP。

淘宝内容营销 5A 度量衡白皮书

在 2019 全球最具价值的 50 个化妆品和个人护理品牌榜单中,自然堂成为除百雀羚之外强势入围的中国品牌。从 2009 年开启探寻"原点"之旅,索象帮助自然堂找到了品牌背书地。如今,自然堂已发展成为中国知名的美妆品牌,品牌价值超过 23 亿元,品牌复购率和增长率都大幅领跑全行业。

2019 年"双十一",自然堂战绩相当不俗。根据官方微博披露,自然堂"双十一"全网销售额达 4.98 亿元,不论全网还是天猫销量都居国货美妆第一。其中,天猫平台 39 分钟破 1 亿元,1 小时 2 分钟破 2 亿元,7 小时 53 分钟破 3 亿元。自然堂补水面膜更是成为聚划算全网爆款,单品卖出超过 186 万件。

在国潮趋势之下,以自然堂为代表的本土品牌,赋予国货全新的意义和力量。以年轻化的方式讲好中国品牌故事,以科技产品传播自然之美,以国潮品牌影响力回馈用户粉丝,让国潮真正成为一种生活方式,走进越来越多年轻人的世界。

 做一做

制定本任务的网络营销效果评价指标体系。

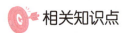

一、认知新媒体

 想一想

什么是新媒体?新媒体营销有何特点?可以实现哪些营销功能?

 学一学

1. 新媒体

媒体是拉丁语 "medius" 的音译,也称为媒介,从社会意义上看,媒介即信息。

联合国教科文组织对新媒体的定义是,以数字技术为基础,以网络为载体进行信息传播的媒介。

新媒体是一个动态的概念,实践中多方参与,以网状链接、互动传播为特征,具有多对多、交互式的特点,与传统媒体有所不同。与之相关的几个概念包括自媒体、社会化媒体和社交媒体。

(1) 自媒体指企业或者个人能够自主发布信息的媒体平台,如博客、微博、微信和论坛 /BBS 等网络社区。

（2）社会化媒体。在Web2.0时代，网络媒体通过分享按钮，就能将信息分享到社群或者分享给粉丝，于是所有的网络媒体几乎都可以称为社会化媒体，也都不可避免地具有了社交属性。

（3）社交媒体。社交媒体指互联网上基于用户社交关系构建的内容生产与交换媒介平台，现阶段主要包括社交网站、微信朋友圈、QQ空间等。

习近平论网络文明

2. 新媒体下，消费者行为的改变

随着新媒体的出现，消费者花费越来越多的时间在获得信息和沟通信息上。

艾瑞调研数据显示，新媒体正在逐步取代传统媒体成为使用率最高的媒体形态，使用社交媒体、视频类网站/客户端/App的用户日益增多。如图2-5-15所示，60.8%的新媒体用户将微信、微博等社交媒体作为近三个月中获取新闻资讯的主要方式，用户日益养成依赖社交媒体获取信息以及表达诉求的习惯。同时，58.9%的用户将手机新闻客户端作为获取新闻资讯的主要方式，42.6%的用户将电视新闻作为获取新闻资讯的主要方式。

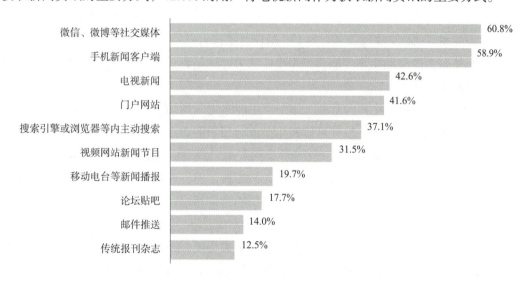

样本：N=1 727；根据2016年1月至3月iClick社区2016大调研问卷-网络新媒体调研数据获得。

图 2-5-15 中国新媒体用户获取新闻资讯的方式统计

据艾媒咨询对2019年中国新媒体用户新媒体平台日均使用时长的调查显示，41.7%的用户每天接触新媒体平台时长为1~2小时，30.6%的用户日均使用时长为2~4小时。

新媒体在沟通信息方面的广泛应用，改变了消费者行为和思维惯性，也改变了营销传播的方式和规律。企业的营销理念和营销策略，也从以产品、企业为主的硬性推广，转变到以客户为主的软性营销。

软营销是企业从消费者的需求出发，尊重消费者的感受和体验，采取拉动式策略吸引消费者的关注，消费者主动接纳企业的营销推广信息，进而影响到消费者的购买行为。

传统营销环境下，消费者的消费行为模型为AIDMA，即企业首先通过强势广告，引

起消费者的注意，使消费者产生兴趣和购买愿望，进而做出购买决策。

网络营销环境下，在 SICAS 消费者行为模型中，消费者在注意商品并产生兴趣之后的信息搜集（Search）和产生购买行动之后的信息分享（Share）两个环节，是企业开展内容营销、引导消费者行为的契机。

在 SICAS 消费者行为模型中，消费者通过分布在互联网和移动网络的社区、搜索引擎、门户网站和社会化媒体，感知企业发布的产品资讯和来自用户的消费建议，从而产生兴趣。通过社会化媒体和社交网络互动、建立连接和沟通，进一步收集信息，为购买决策提供支持。购买后，通过购物网站、社交网络和社会化媒体，发布购买评价、商品的使用体验与效果反馈等信息，进一步为其他用户的兴趣和购买决策提供信息支持和建议。在 SICAS 生态里，通过分布式、多触点在品牌、商家与用户之间建立动态感知网络（Sense Network）是非常重要的，其中的核心是建立基于链接的对话。

在 4I 营销理论中，4I 即趣味性/娱乐化（Interesting）、价值观/利他性（Interests）、互动性/共鸣（Interactive）、让用户彰显个性（Individuality），这也是营销的四个基本原则。

（1）趣味性/娱乐化。即有趣原则，是指在营销活动加入趣味性的内容，增加用户参与营销活动的主观意愿。在社交媒体时代，用户对硬广告已经产生了免疫。在这种情况下，营销活动必须要遵循有趣原则才能获得用户注意力，这是营销成功的基本前提。有趣原则可以从以下几个方面去考虑。

一是文案和视觉趣味化，在营销文案中使用趣味化的词句。

二是游戏化设计。游戏化设计可以强化企业与用户的关系，增加用户黏合度、满意度与忠诚度。在社交媒体环境下，游戏化设计是激发用户兴趣，提高用户参与度的有效手段。

（2）价值观/利他性。利益主要包括经济上的利益和心理上的利益。经济上的利益是指打折、促销、返券等形式。心理上的利益是用勋章、等级、称号等方式使用户产生荣誉感，并满足他们想被特殊对待的心理需求。

（3）交互原则。交互能够加深用户对品牌的了解程度，消除用户对品牌的疑问，增加用户的忠诚度，是有效的营销手段之一。交互一般包括用户与用户之间的交互，以及用户与平台之间的交互。

用户与用户之间的交互是指用户在社交媒体平台中参与与营销活动有关的沟通交流等，这种交互能够帮助企业形成口碑传播。企业可以通过设置话题、建立社区等多种方式引导用户之间进行交互。

用户与平台之间的交互主要有 SCRM（社交媒体客户服务）、社交媒体营销活动等方式。

（4）彰显个性。个性化的营销强调识别每个顾客的个性化需要，并给出相应的营销反应，满足用户的个性化需求，提高转化率，让营销有的放矢。

个性化体现在目标用户个性化筛选和个性化的用户体验上。在目标用户的个性化筛选方面，使用数据挖掘技术，对用户购买行为、地域信息、消费特征等数据进行分析，将用户分众化，并针对不同用户制定不同的营销方案。

在用户体验方面，可以根据用户信息显示个性化的内容，让用户感觉被特别对待。

1. 常见的新媒体有哪些？

2. 随着新媒体消费者行为的改变，产生了哪些新的消费行为模型和理论，其具体的含义分别是什么？

二、新媒体营销

新媒体如何发布信息？有哪些信息传播路径？

1. 新媒体营销

新媒体营销，具体而言，就是通过新媒体的社交属性构建的关系链，在满足目标群体食、色、娱乐、好奇、存在感、自我、亲情、占便宜、共鸣等心理需求等的同时，把相关产品的功能、价值等信息传递给目标受众，从而实现品牌宣传、产品销售等目的的营销活动。

新媒体营销的目标主要有以下几点。

（1）向客户传递有价值的信息。

（2）搜索引擎优化，提高网站排名，引入网站流量。

（3）降低营销费用，提高营销效率，提高企业竞争力。

（4）通过互动，提高客户黏性。

（5）了解市场趋势，测试市场反应。

（6）企业网络公关，维持企业形象。

（7）通过社会化媒体和社交网络的推广营销信息，告知客户在哪里买、如何买产品。

（8）建立网络口碑，提高品牌形象，培养顾客忠诚度。

2. 新媒体营销的基础

（1）开通社交账号，通过互动、推荐构建关系链。

开通网络社交账号，形成包括QQ、微信、微博、百度、淘宝、邮箱、抖音等在内的账号体系。

通过意见领袖、兴趣标签以及关注、订阅、添加、微信雷达、附近的人、百度附近的店铺、扫一扫等功能，构建关系链。

（2）构建内容，通过互动，维护关系，如图 2-5-16 所示。

图 2-5-16　新媒体互动的方式

新媒体营销团队主要由运营、创意策划、文案编辑、推广、设计美工构成。在开展新媒体营销之前，需要准备的材料有企业和产品相关的信息，包括文字、图片、视频等，并制定营销活动策划书。下一步，应构建传播平台和传播网络，接着进行费用预算和活动的组织、实施、跟进和引导。最后则是新媒体营销效果的评估与优化。

3. 新媒体整合营销策略

新媒体平台既有媒体属性的特征，也有社交属性的特征。新媒体营销与传统媒体营销相比，具有体验性、沟通性、差异性、创造性、关联性的特点。

媒介与社交的统一，使得内容营销、场景营销、社群营销、社交营销、病毒营销等方法和策略，以整合营销的方式广泛开展。

整合营销，就是以消费者为核心重组企业行为和市场行为，综合协调地使用各种营销工具与方法，以统一的目标和统一的传播形象，传递一致的企业形象和产品信息。

整合营销主要有目标性、统一性和互动性三个特点。目标性，即企业的一切营销活动都应围绕企业目标来进行，实现全程营销；统一性，即企业用一个声音说话，消费者无论从哪种媒体所获得的信息都是统一的、一致的；互动性，即企业与消费者之间展开富有意义的交流，能够迅速、准确、个性化地获得信息和反馈信息。

新媒体整合营销，简单地说，就是整合各种网络营销方法，综合有效利用包括新闻、博客、论坛、IM、Wiki、圈群、贴吧、百科、问答、头条等在内的多种网络传播形式与手段，形成独具成效、网络全面覆盖、信息迅速扩散的网络营销传播模式。新媒体整合营销的基本步骤如图 2-5-17 所示。

艾瑞：新媒体营销策略

图 2-5-17　新媒体整合营销的基本步骤

（1）设定目标，策划方案。新媒体整合营销的目标主要有提升品牌知名度、吸引消费者、引流和拉动产品销售等。根据营销目标，遵循信息一致性原则，策划内容、选择渠道，设计新媒体整合营销方案。

（2）通过媒体公关，扩大受众面，形成舆论支持。

（3）整合网络营销的媒介渠道，集中传播。常见的新媒体整合营销渠道如表 2-5-1 所示。

表2-5-1　新媒体整合营销渠道

整合渠道类型	说明	补充说明
事件炒作	联合多数网络媒体及少数平面媒体，炒作热点事件	—
线下活动组织	组织线下活动，虚实结合，提供营销内容	线下活动亲身体验，线上宣传
软文撰写	构思创意及制作各类符合网友口味的软性宣传帖，以达到口碑传播的效果	软文包括文字式软文、Flash 动漫故事，图文故事和游戏截图等各种网络流行的传播方式
论坛群发	将推广内容植入一个话题，通过回复引导网友讨论炒作话题，并引导舆论方向	覆盖多个区域、行业论坛
新闻评论跟帖	结合推广的信息，针对各大新闻和综合门户网站上最新和最热门的新闻进行有目的的点评与回复	抢占关键回复点，把握话语主动权
SNS社区传播	利用 SNS 网站的分享和共享功能，让企业的产品被更多的人知道。也可以进行问卷调查	SNS 社区网站
互动问答平台	包括百度知道、新浪爱问、搜搜问问、雅虎知识堂等互动问答交流平台；接受帮助，同时也给其他网民提供帮助	由于搜索引擎对互动问答平台的偏爱，搜索问答中的关键字，问答页面在搜索引擎的排名会高于其他页面
视频制作	把要传达的信息配合时下热点，以各类恶搞、煽情的手法制作成视频短片，并发布到各类视频网站上，后期配合转载扩散传播	通过专业的视频、网络名人，置顶各大视频网站首页，提高推广效果
IM群发	通过 QQ、MSN 向好友发送消息，传播内容；在 QQ 群内发送消息	QQ、MSN、Skype 等即时通信工具
邮件群发	通过电子邮件的方式向目标用户传递有价值的信息	通过邮件群发软件，以邮件的方式向各用户传达所要传播的信息

考一考

1. 新媒体营销实现的营销功能有哪些？
2. 新媒体营销策略有哪些？各自的含义是什么？
3. 微博如何发布和传播营销信息？
4. 微信有哪些账号类型，各自的作用和应用场景是什么？微信如何发布和传播营销信息？
5. QQ 如何发布和传播营销信息？
6. 论坛、百科、问答、头条、直播如何发布和传播营销信息？

三、新媒体营销内容的制作

新媒体内容的形式有哪些?如何创造适合新媒体形态的内容?

1. 新媒体文案

新媒体文案,具有传播渠道广、形式多元(文字、图片、视频、动漫等)、互动性强、目标人群精准、易被用户再创作传播的特点。

新媒体文案的主要作用有引流、品牌宣传、营销推广和公共关系管理。常见的文案有销售文案和传播文案两类。

新媒体文案按应用场景可分为网站信息发布文案、搜索引擎营销的创意文案、网店商品详情页文案、论坛推广文案、微博文案、微信文案、头条等。

2. 新媒体文案创作

文案的创作,首先要明确写文案的目的和目标人群,结合痛点和卖点,进行文案创作。其次,通过对比、讲故事、满足情感、带来利益、满足好奇心等方式,围绕目标人群的特点和自身的目的,创作文案内容。再者,对创作好的文案,按照拟发布媒体的要求和特点,进行排版和美化。最后,对创作的文案进行审核,审核是否符合法律法规、社会文化、风俗习惯,以及新媒体平台的要求。

1)新媒体文案策划的要点

(1)7秒定律。消费者在挑选商品时,7秒就能决定是否购买,因此需要在网站的首屏放置关键信息。在7秒定律中,色彩因素占67%,起到决定性作用。好图胜千言,视频胜千图。

艾瑞:内容营销策略研究

(2)KISS原则。KISS即"Keep It Simple Stupid",指简单、懒人原则,即文案的文字要求言简意赅,通俗易懂。

(3)FBAE原则,即特点、优点、利益、证据原则。文案应注意语言通顺、合理,有感染力、画面感,贴合消费者的感受。

2)新媒体文案的标题

新媒体文案的标题,要有吸引力、引导力和表达力。

3)创作符合消费者的基本欲望的内容

《吸金广告》一书指出,人类的需求可以被总结为八种基本欲望。

(1)生存、享受生活、延长寿命。

(2)享受食物和饮料。

（3）免于恐惧、痛苦和危险。

（4）寻求性伴侣。

（5）追求舒适的生活条件。

（6）与人攀比。

（7）照顾和保护自己所爱的人。

（8）获得社会认同。

围绕这八种欲望，出现了无数经典营销案例，它们都满足了消费者非常关心的需求点。

4）新媒体文案的排版与审核

（1）文案排版。利用秀米、i排版等排版软件，按新媒体发布平台的规则进行排版。

（2）文案审核。对发布的信息按照法律法规、平台规则进行合规性审核。审核文案的主题、布局、内容展示、风格是否符合企业的要求。

3. 新媒体视频创作工具和分发平台

1）视频工具

拍摄视频之前，应明确视频主题、内容结构及创新点，以及如何与企业的产品、服务、品牌等网络营销信息相结合，借助视频进行推广，达到网络营销信息传播的目的。

常用的网络视频剪辑软件有会声会影、爱剪辑、EDIUS、VirtualDub、Ulead MediaStudio Pro、Windows Movie Maker、视频剪切合并器、Adobe Premiere、Adobe After Effects、艾奇电子相册视频制作软件、狸窝照片制作视频软件等。

2）视频发布与分享

（1）视频发布。将制作好的视频发布到优酷、腾讯等视频网站，或者分享到秒拍及直播平台。

（2）分享到社交网络。将已发布的视频分享到新浪微博、微信、QQ等社交平台，吸引更多的人观看，增加视频的曝光率。

1.新媒体文案的特点有哪些？

2.一个好的新媒体文案，应符合哪些要求？

四、新媒体营销效果的评估与优化

如何评价新媒体营销的效果？

 学一学

1. 新媒体营销数据

1）新媒体数据

目前新媒体平台主要包括微信、微博、今日头条、企业官网等。

在进行新媒体数据分析时,使用频率最高的是微信朋友圈数据、微信公众号数据、微博数据、今日头条数据及企业官网数据,如表2-5-2所示。

表2-5-2 新媒体数据

数据类型	主要数据指标
微信朋友圈数据	好友增长数量、朋友圈点赞数、朋友圈购买数量、导购文案转化率
微信公众号数据	新增关注数、取消关注数、新增用户来源、单篇图文阅读量、全部图文阅读量、微信菜单点击数
微博数据	阅读数、主页浏览量、视频播放量、粉丝来源、新增粉丝数、取消粉丝数
今日头条数据	文章量、阅读量、推荐量、评论量
企业官网数据	网站流量、跳出率、搜索来源、来路页面、访问深度

2）不同营销组合下的新媒体数据组合

企业新媒体营销的目的主要有两点,提升销量和宣传品牌。

提升销量,可以通过提高流量、转化率、客单价和复购率,借此提高产品的销售数量和销售金额来实现。

宣传品牌,是指借助网民的传播力量,让更多的人接触企业信息、了解企业品牌、对企业产品产生好感。品牌建设的目的可以进一步分为提升品牌美誉度、提升品牌知名度和提升品牌忠诚度。

根据不同的营销目的,需要挖掘和分析的数据也不同,如表2-5-3所示。

表2-5-3 新媒体营销效果与数据分析

营销目的	需要分析的数据组合
提升销量	页面浏览量、用户访问时长、用户浏览页面数、店铺/网站转化率等
提升品牌美誉度	评价、口碑等
提升品牌知名度	粉丝数、订阅数等
提升品牌忠诚度	二次购买的顾客数、主动转发的粉丝数、主动打赏的粉丝数、留言频次高的用户数等

2. 新媒体营销分析工具

1）自媒体自带统计功能

自媒体平台为账户提供了数据统计功能,如表2-5-4所示。

表2-5-4 新媒体数据统计功能

平台	自带统计功能
微信公众号	用户分析、图文分析、菜单分析、消息分析、接口分析、网页分析
今日头条	文章分析、头条号指数、粉丝分析、热词分析
微博	粉丝分析、内容分析、互动分析、相关账号分析、文章分析、视频分析
大鱼号	文章分析、视频分析、用户分析、大鱼星级
百家号	文章分析、百家号指数、粉丝分析
一点号	文章分析、一点号指数、订阅用户分析、阅读用户分析
企鹅号	内容统计、视频统计、订阅数统计
搜狐号	总体数据、单篇数据
网易号	订阅数据、内容数据、网易指数

2)微信公众号数据分析

通过微信公众平台,可以实现消息推送、品牌传播、分享等一系列一对多的行为。而这些行为的产生,无一例外都需要进行数据监控,从而评估其传播效果。

微信公众号的后台数据分析,整体上分为六大板块,分别是用户分析、图文分析、菜单分析、消息分析、接口分析和网页分析。

了解微信公众号的数据分析功能,能够帮助运营者更好地运营微信公众号,发现问题,并提高各项运营数据。

通过微信公众号,用户可了解以下数据。

(1)送达人数:图文消息群发时能够送达的人数。

(2)图文页阅读人数:点击图文页的人数,包括"非粉丝数";阅读来源包括公众号会话、朋友圈、好友转发、历史消息等。

(3)图文页阅读次数:点击图文页的次数,包括"非粉丝"的点击量;阅读来源包括公众号会话、朋友圈、好友转发、历史消息等。

(4)分享转发人数:转发或分享给朋友、朋友圈、微博的用户数,包括"非粉丝"。

(5)分享转发次数:转发或分享给朋友、朋友圈、微博的次数,包括"非粉丝"的点击量。

(6)微信收藏人数:收藏到微信的用户数,包括"非粉丝"。

(7)原文页阅读人数:点击原文页的人数,包括"非粉丝"。

(8)原文页阅读次数:点击原文页的次数,包括"非粉丝"的点击。

新媒体营销效果评价指标有哪些?

任务单

一、任务指导书

内容营销与新媒体整合营销推广策划与实施的任务指导书如表2-5-5所示。

表2-5-5 任务指导书

任务名称				
成员分工			时间	
任务重点	内容文案创作，社会化网络传播渠道构建，营销评估			
任务难点	内容文案创作，社会化网络传播渠道构建			
任务资源	个人自媒体			
任务内容	内容营销和社会化网络推广，包含的内容要素有以下几项： 1. 内容营销的目的； 2. 社会化网络传播渠道的构建； 3. 内容营销文案的撰写； 4. 内容营销效果的评价			
评价	自评	组评	组间评	教师评	第三方评

二、任务评价

1. 评价方式

自我评价、任务小组组长评价、小组互评、指导教师评价。

2. 评价内容

团队协作，任务清单完成的数量和质量，任务的逻辑性，专业知识的掌握和应用，方法和能力的提升。任务评价权重如表2-5-6所示。

表2-5-6 任务评价权重表

评价维度		评价内容	配分	得分
内容营销案例学习（20%）	1	内容营销的目的	5	
	2	内容的表现形式	5	
	3	内容营销的传播渠道	5	
	4	内容营销的评价	5	

续表

评价维度		评价内容	配分	得分
内容营销实施（30%）	5	内容的创作	10	
	6	内容的传播	10	
	7	营销转化	5	
	8	细分市场的定位分析	5	
相关知识（30%）	9	内容营销	10	
	10	新媒体营销	10	
	11	整合营销	5	
	12	社交电商	5	
团队协作（20%）	13	参与度	10	
	14	工作质量	10	

任务拓展

小王的父母建了一个葡萄采摘园，现在请你为其设计一个内容营销文案，通过新媒体传播的形式，在即将到来的假期吸引更多的游客。

知识巩固与拓展

一、知识巩固

1. 简述内容营销的目的、创作、传播渠道和营销效果评估方法。
_____
_____

2. 随着信息技术的发展，营销内容有哪些表现形式？如何创作优质的内容？随着消费者接受信息渠道的改变，出现了哪些新的内容营销传播渠道？什么是推荐算法，它和搜索算法有什么不一样？网络中的社交关系能够避免推荐算法带来的影响吗？
_____
_____

3. 请选择 3~5 个关键词，表达本任务的主要知识点。请以思维导图的形式，归纳整理本任务的知识体系。
_____
_____

4. 完成在线测试题。
_____
_____

二、拓展

1.以思维导图的形式,按照私域流量归纳整理内容营销流量构成。
_____
_____

2.以思维导图的形式,以内容营销的实施过程为框架,归纳整理内容营销目的、内容表现形式、传播渠道。
_____
_____

在线试题:内容营销社会化

自我分析与总结

自我分析
学习中的难点和困惑点

总结提高
完成本任务需要掌握的核心知识点和技能点

完成本任务的典型过程

继续深入学习提高
需要继续深入学习的知识点与技能点清单

任务六　网络促销活动策划与实施

任务目标

通过本任务的学习，学生应达到以下目标。

一、知识目标

1. 了解促销工具、促销优惠券的功能。
2. 掌握店内促销、平台促销、节假日促销的特点。
3. 掌握商品关联营销的方法。

二、能力目标

1. 能够掌握促销策划的基本步骤，策划促销活动方案。
2. 能够设计促销方式，促进销售。
3. 能根据店铺的营销需求，完成不同类别促销活动的设置。
4. 能根据电子商务平台的要求，完成不同类别促销活动的报名。
5. 能对电子商务平台活动参与效果进行分析，并根据分析结果优化电子商务平台活动参与策略。

黄胖子苹果旗舰店

任务导入

● 任务内容

黄胖子旗舰店是一个以销售苹果为主的天猫店，如图 2-6-1 所示，主推产品是黄金维纳斯苹果，该店铺这种苹果的销量在这个商品品类中一直保持领先。该种苹果价格较高，主要以高端礼品形式销售，销售高峰期和节假日相关度高，所以节日促销在整个促销计划中尤为重要。请为该店铺淘宝"年货节"大促销活动设计活动方案，推广并实施活动，最后进行活动效果分析。

● 任务分析与实施

本次任务主要目的是针对淘宝"年货节"大促，配合店铺促销工具，实现销售的大幅提升。在任务实施前，首先要仔细研究淘宝"年货节"的活动时间节点及活动规则，根据时间节点配合相关推广活动，根据活动规则设置促销活动及促销价格，如图 2-6-2 所示。

图 2-6-1　黄胖子苹果旗舰店

图 2-6-2　网络促销活动策划与实施

步骤一　促销活动目标确定

本次促销活动的主要目标是什么？为了达成主要目标，如何进一步细化目标？

1. 确定店内促销活动的目标

本次淘宝"年货节"促销的主要目的是利用淘宝平台大促流量结合本店活动，实现销量的大幅提升，达到本年度销售的最高峰。

2. 目标细化

为了达成主要目标，需将目标细化为执行目标，具体如下。

（1）综合考虑多种因素，确定主推产品。有竞争力的产品才能带动店铺销量。

（2）除了官方的促销活动，还要配合店铺的活动，拉动全店销售。

（3）从预热阶段开始进行数据监控，根据数据情况调整对应的策略和方向。

（4）为了提高大促活动的转化率，客服要进行专题培训，培训内容包括大促活动细则以及如何提高客单价、如何跟单等销售技巧。

步骤二　促销活动设计

1. 官方促销活动设计

本次活动通用促销活动为跨店满减和下单直降。

所有报名参加本次活动的商品，必须设置下单直降或者跨店满减玩法，即：符合下单直降报名条件的商品，如需参加本次活动，必须设置下单直降玩法，无法设置跨店满减玩法；不符合下单直降报名条件的商品，如需参加本次活动，必须设置跨店满减玩法。

根据店铺实际情况，可以选择店铺整体参加跨店满减，或选择利润款报名参加下单直降。

（1）跨店满减。不符合下单直降报名条件的商品，如需参加本次活动，必须设置跨店满减。不同行业的淘宝店报名时满减档位可能会有所不同，具体以系统设置页面显示为准。部分类目报名时可能会有两档满减可以选择，比如每满 200 减 15 或者每满 500 减 50。一旦满减档位设置完成则不可更改。

（2）下单直降。下单直降是指淘宝卖家直接对活动商品设置一个比近30天内最低拍下价更低的优惠价。优惠价折扣力度必须符合活动规定的折扣要求，以确保该商品的价格竞争力。这种方法更简单，优惠更直接，成交价更明确，买家无须凑单，也不用担心没有可用的优惠券。但只有符合下单直降报名条件的商品才有机会报名。卖家可在符合下单直降规则的商品中选择一款或多款商品报名，经审核通过后，该商品价格将显示"直降价"。

报名下单直降玩法的活动商品不与跨店满减、店铺券、商品券、淘金币等优惠叠加使用，但可与红包、兑换卡、购物金、品牌新享、分期免息等优惠叠加使用。

2. 店铺活动设计

配合官方大促，店铺也要有相关的活动，利用流量高峰期进一步提升转化率，提高客单价。由于大促活动力度大，官方活动本身就有跨店满减和下单直降，爆款产品本身就利润较低，所以店铺促销活动设计主要以搭配销售为主，爆款搭配利润款，搭配购买更划算。

步骤三　促销活动推广与实施

本任务中，我们可以根据年货节活动的时间节点，将活动的推广与实施分为以下几个阶段。

第一阶段：商家报名，报名时间为2021年12月25日12：00：00至2021年12月30日23：59：59。

本阶段具体实施内容：仔细阅读报名规则，在规定的时间内提交商家报名申请，保证店铺顺利参加"年货节"大促。

第二阶段：商品报名，报名时间为2021年12月31日12：00：00至2022年1月11日23：59：59。本阶段具体实施内容：根据报名规则，结合店铺实际销售情况，选择参加活动的商品。

选择产品的要求如下。

（1）优先选择销量好的产品，优质的产品才能有更高的转化率。

（2）在本次活动中，部分行业要求商品价格为近30天历史最低拍下价或一口价。由于大促活动力度大，在报名时必须考虑商品成本及利润。

（3）综合考虑各项因素，确定主推产品（引流款）。

第三阶段：活动预热，预热时间为2021年1月17日00：00：00至2021年1月19日23：59：59。

本阶段具体实施内容：

（1）针对主推产品（流量款）进行站内外推广及引流，通过展现量、点击量、加购量、收藏量等数据，监测推广效果，预估爆款销量。

（2）针对"黄胖子旗舰店"进行整体推广，提高"黄胖子"品牌IP的曝光度，通过店铺关注人数、店铺商品展现量、点击量、收藏量、加购量等数据进行监测，预估店铺的整体销量。

第四阶段：正式活动，活动时间为2021年1月20日00：00：00至2021年1月25日23：59：59。

本阶段具体实施内容：

（1）加大爆款推广力度，为店铺引流，从而有效提升销量。

（2）注重提升客服接单、跟单能力，提升客户转化率。

步骤四　促销活动效果评估

本次促销效果主要通过以下指标来评估：店铺访问提升91.38%，商品访问提升92.78%，转化提升88.54%，销量提升76.68%，如图2-6-3所示。

图2-6-3　促销活动效果

通过数据可以看到，本次大促除达成了销量大幅提升的目标外，还从店铺访问量、商品访问量、店铺关注人数等多个维度提升了店铺的权重，为下一步经营打下了基础。

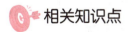 相关知识点

一、认知促销活动推广

 想一想

什么是促销活动推广？

 学一学

促销活动推广，是通过策划组织各种活动吸引用户参与，主要由各种短期的激励工具构成，用来促进用户更多和更快购买，以此实现企业营销目的。

广告提供了购买的原因，而促销活动提供了一种激励。促销活动激励的措施有优惠券、减价、返现、免费试用、套餐等。

促销能够吸引新的用户，奖励忠诚的老用户，提高用户的购买金额和购买频率。

1. 网店促销活动的形式

淘宝店铺常见的店内促销活动有满减（满包邮）、满送、秒杀、抽奖、直减、好评优惠券（返现），如图2-6-4所示。

不同的活动适合不同的环境。

满减适用于日常促销，能够拉高客单价。

满送适用于新品上市推广、日常活动，能提高新品销量。

秒杀、抽奖适合于电商大节促销与店铺淡季，可为店铺引流。

直减适用于新店开业，注意商品价格的设计。

好评优惠券（返现），是获得好评的一种手段，有助于扩大商品销量。

免运费，适用于拉高客单价。

图 2-6-4　淘宝店内促销活动

2. 开展促销活动的基本步骤

（1）制定策划方案。首先要明确促销活动的目的，选择拟参加促销的商品，明确促销要达到的目标。如果要参加电子商务第三方交易平台的促销活动，要先分析活动规则和报名条件，审核通过后，方能准备方案。

确定活动方案，包括分析目标客户、选择促销工具、进行激励设计、设计项目进度、进行人财物的协调和安排等工作。

此外，还需确定促销活动应急预案和促销活动的评价标准。

（2）活动筹备，预热、预售。采购商品，优化商品的供应链，保证商品及时、安全地送达客户。

制作促销活动的素材和内容，通过预热和前期推广活动，做好新客户的拉新和老客户的维护。做好预售工作，增加产品人气，提高收藏加购率。

做好客户服务的准备和客服人员培训。

通过预热、预售，检验客户分析、商品定位、关联营销、内部协调和活动控制等相关事项有无遗漏，是否能满足活动要求。

（3）活动实施。监控活动的流量，做好售前、售中客户咨询服务，引导客户购买。

做好订单的发货工作。发货后，做好售后服务，维护售后评价。

（4）活动评估。做好活动复盘，评估活动目标和实际效果，包括目标达成率、客单价、利润、流量、转化率、客户评价等，分析优势和不足，为下次的促销活动奠定基础。

1. 通过网络收集材料，归纳整理天猫"6·18""双十一"大促的内容与时间节点。
2. 通过网络收集企业参加天猫"双十一"大促活动的内容和推进表。

二、节假日促销活动方案策划

节假日促销活动方案策划的要点有哪些？

1. 节日促销活动

节假日期间，一般较容易形成购物高峰。借助节日的气氛和情感共鸣，也能为促销活动找到一个切入点。

借助节日文化，传达企业经营理念，树立企业品牌整体形象。电商企业通过节日促销能够吸引新客户，维护老客户，增加客户的黏性。节日的购物高峰，也是打造爆款、推广新品、提高老品销售的契机。

企业要做好节日促销，需要结合节日的文化背景，对节日情感元素进行提炼，围绕节日情感提炼出贴切的主题，选择合适的商品，进行营销推广。

网络节日促销活动有以下几个特点。

（1）顾客购买欲望强烈，目的性强，促销选品与节日应具有关联性。不同节假日的元素带来的情感不同，因此活动主题、商品的选择和促销活动的安排也应该是不同的。

淘宝"双十一"流量规划

（2）容易围绕节日制造话题，引起情感共鸣。

（3）节日的目标客户，既包括商品的购买者，也包括商品的使用者。在提炼节日情感和分析目标人群时，要考虑到送礼者的情感需求和受礼者的情感共鸣。以家家悦生活港七夕促销 banner 为例，如图 2-6-5 所示。

国潮"出圈"，传统文化在复兴

（4）节日的日期固定，可以提前做好规划和活动的推广预热。

（5）由于从网络下单到交货有延迟，为了保证节前或者节日当天收到货物，消费者真实的购买行为会提前到节日的前几天，具体的提前期与商品的预期交货日期有关。

（6）节日促销期间流量大，运营团队要有较好的统筹规划能力，做好应急预案。

2. 节日促销活动策划

1）目标人群分析

节日促销活动，首先需要根据节日文化背景，确定目标受众，包括节日礼物的购买者和使用者。

分析目标人群的特性，节假日情感和心理诉求，明确如何打动消费者。

通过目标人群特性分析，掌握其节假日情感的追求点，分析潜在消费者的心理需要，选择或者挖掘能够将其情感需要转变为欲望的载体——商品。以情感需求和心理诉求分析为基础，设计文案和广告，才能做到以情动人，激发购买行为。

图 2-6-5　家家悦生活港七夕促销 banner

根据网络潜在顾客的来源，分析用户的结构和购买力，做好目标客户的精准定位，确定符合目标客户的定价和促销方案，有助于把目标客户的欲望变为购买需求和购买行为。比如，新客户一般追求性价比，老客户情感诉求较多；刚毕业的学生对价格敏感，事业有成的中年人对安全、健康和品质更为关注。

2）确定活动时间

确定活动何时开始，何时结束。

节日类活动，一般是节日前送礼。结合快递的时间，一般需要一个提前期。商家要在提前期之前销售，这样才能保证消费者不在节日后收到货物。

同样的道理，广告排期、预热推广等营销活动也需要提前，至于提前期的长短，需要结合具体情况具体分析。

3）选品

结合目标人群的分析和节日文化内涵，选择能够表达节日情感的商品。定价要有合理性，要与目标人群相匹配。

比如，母亲节选品，主题是关爱和亲情，可以选择化妆品，与主题较为吻合。

通过品类调研、问卷星调研，确定商品需求和价格区间。

节日选品一定要保证质量，避免对客户情感的伤害。比如，选择高质优价的毛巾、护肤品、组合洗漱套装，体现出子女希望给母亲一个精致、有品位的日常生活的愿望，同时，这份礼物节俭而不奢华，也符合大多数母亲对子女会过日子的期望。

库存保障。合理地安排和控制库存，防止出现超卖的情况，影响顾客体验。

包装创意。贴一张动漫图片，或者问候语，提高客户满意度，创造二次营销的机会。

4）确定促销活动类型

促销活动主要有商品优惠和全店铺优惠两种促销方式。商品优惠分别有商品的秒杀、团购、满就送（减）、搭配套餐、第几件折扣、优惠付款等。全店铺优惠有全场打折、优惠券、抽奖、免单、全场满就送、包邮等。

促销活动要在成本的基础上，合理地规划各种优惠活动。要考虑到各种优惠活动之间是否互相叠加，即是否有或者允许折上折。

结合促销工具的特点，有效组合促销方式。

限时折扣适合推新品、造爆品、清库存。满立减、搭配套餐，适合提升客单价。全店铺打折，有利于提升客户访问深度、店内停留时间，提高转化率和销售额，适合快速积累销量和信用。店铺优惠券，如果能够提前发放，可以起到预热活动、刺激买家下单的营销效果。

习近平的中华优秀传统文化"公开课"

针对以上促销形式，可以有效地组合新的促销方式，提高促销效果。

5）策划节日促销主题和文案

文案策划要借助节日文化营销，把产品卖点节日化，传达品牌内涵。以小米母亲节促销文案为例，如图2-6-6所示。

6）做好预热与推广

推广引流，广为宣传，让更多的客户知道活动信息，引入流量，保证活动期间的流量。

提前发放优惠券，锁定用户的节日消费。

店铺或者商品收藏有优惠，鼓励收藏。

撰写推广软文，提前预热。可用文章、视频等形式，用微博、微信、QQ前期预热推广。

撰写节日介绍、商品介绍、商品与节日关联，相互推介。

设计引流营销邮件，激活老客户，引流新客户。

7）店内活动展示

可以在店内推硬广告，展示活动主题内容。

店铺页面设计。针对节日主题，对店铺进行装修。装修风格和元素要切合节日主题，能够明确地向客户传达节日促

图2-6-6 小米母亲节促销文案

销的理念。要求活动格调、文案格调、设计格调、店铺格调和节日气氛、情感诉求统一。

分别在首页的店招、轮播、通栏,店内分类页的顶部通栏、左侧通栏,商品详情页的顶部通栏、左侧通栏,投放不同类别的促销广告,提高广告的效果。比如,店招适合全店铺的活动,首页轮播、商品详情页的顶部通栏适合单品秒杀、团购等活动,清仓适合左侧或者轮播图。

制作节日活动轮播图,突出主题,标题要具有冲击力。

8)确定危机预案

做好预案,确定货源不足、客户服务应接不暇、不能及时发货、客户投诉等情况下的危机预案。

9)确定人员分工

成立项目组,项目组成员主要涵盖产品企划、仓储管理、视觉设计、客服、品牌营销、市场推广、数据分析、硬件软件保障、快递协调、成本核算等职位。

工作任务划分到人,责任明确。部门、人员、工作流程的衔接、对接流畅。衡量工作负荷,提前做好规划。

10)制订项目推进表

针对节日促销项目任务节点,包括营销主题、选品、前期策划、活动预热、项目实施,如表2-6-1所示,合理地制订项目进度计划。

表2-6-1 某企业节假日促销任务节点

工作区域	工作内容	责任人	时间	状态
设计	活动页面、广告设计			
客户服务	客服问题与解答、人员设备培训时间			
仓储	商品、人员设备、库存补货、包装、分拣、快递、发货			
活动设置	标题、分类设置、折扣设置			
站内推广资源	站内资源跟进			
活动推广	活动预热			

(1)设计工作。根据活动内容和促销需求撰写文案,根据文案寻找图片素材。审核素材的文案、色调、风格、视觉效果是否符合活动需求,与店铺的整体效果是否搭配,是否能够引起顾客注意。确定链接地址、图片切割是否正确。可以小范围投放,以数据论证设计是否合理。

(2)客户工作。根据前期的工作和经验,制作问答集。针对重点问题和重复问题,制作快捷回复。考虑是否引入平台的机器人客服,是否需要临时客服,是否需要调班及时间安排,针对售前、售中和售后进行调节。

(3)仓储。商品数量、质量核实。做好发货、打印、包装准备及与快递公司的沟通协调。及时检查库存，防止超卖，及时补货。

（4）活动设置。活动设置注意是否有折上折，如何计算销售额，优惠券有何使用限制。活动结束，恢复设置。

（5）站内资源跟进。是否开展站内活动，活动之间是否有冲突。

11）活动评估与总结

（1）活动评价指标具体如下。

①流量指标，按照流量的结构分为资源流量、推广流量、自然流量，分析流量的数量和质量，制定流量数量指标和质量指标。

②质量指标，包括询单率、转化率、客单件、销售额和发货量。

③售后指标，主要有发货量、准时发货率、准时送达率和客户评价等。

（2）活动效果分析与总结，具体从以下指标体现。

①访客数：能够反映资源流量和推广的效果，按项目单独分析，并进行优化。

②访问深度和店内停留时间：反映活动、店铺和商品对客户的吸引力。

③客单价：进店客户的购买力和关联营销的能力。

④产品均价：可反映活动期间店铺折扣和利润的状况。

⑤转化率：引流质量和活动效果的综合体现。

⑥销售额：反映活动业绩是否达到目标，是活动效果的直接体现。

⑦收藏量：反映活动对客户的吸引力。

⑧浏览回头率和成交回头率：反映对店铺的认可度和客户的忠诚度。

⑨DSR评分、退换货率和宝贝评价：反映客户的体验和售后情况，是对活动运营的效果评价。

（3）活动资料归档。收集本次活动的资料包括策划方案、数据、图片素材、活动文案、项目推进进度表、活动页面、广告素材、产品资料、客服FAQ、数据分析、数据评估、总结数据等，保存这些资料，用于日后开展同类节假日活动时加以借鉴。

家家悦七夕节促销版面规划和工作流

收集行业标杆企业、竞争对手的活动素材，保存，可用于日后借鉴和学习。

（4）项目总结与优化。项目总结如表2-6-2所示。

表2-6-2 项目总结

事项	内容	目的
目标达成		
客户评价		
合理措施		
改进措施		

 **考一考**

1. 节假日促销活动的主题和创意有什么关系？
2. 参考家家悦七夕节的促销版面规划和工作流程，绘制节假日促销方案的基本框架。

 做一做

1. 策划母亲节的促销活动方案。
2. 收集"双十一"促销活动方案，分析方案的结构和内容。
3. 运用淘宝店铺促销工具，设计一个开店一周年庆的店铺促销活动方案。

 任务单

一、任务指导书

策划网络促销活动的任务指导书如表2-6-3所示。

 提示

完成任务部署，并填写本组考核表。

表2-6-3 任务指导书

任务名称	设计节假日促销活动				
成员分工				时间	
任务重点	促销目标、促销主题，促销选品，目标客户分析，促销推广				
任务难点	促销规则的设计，促销引流				
任务资源	个人自媒体				
任务内容	促销活动策划，包含的内容要素有以下几项： 1. 促销活动的目标； 2. 促销活动设计； 3. 促销活动实施； 4. 促销效果的评价				
评价	自评	组评	组间评	教师评	第三方评

二、任务评价

1. 评价方式

自我评价、任务小组组长评价、小组互评、指导教师评价。

2. 评价内容

团队协作，任务清单完成的数量和质量，任务的逻辑性，专业知识的掌握和应用，方法和能力的提升。任务评价权重如表2-6-4所示。

表2-6-4 任务评价权重

评价维度		评价内容	配分	得分
促销的学习（20%）	1	促销策划的基本步骤	5	
	2	促销优惠方案	5	
	3	促销时间节点控制	5	
	4	促销推广引流	5	
促销的实施（30%）	5	促销主题与选品	10	
	6	促销实施	10	
	7	促销策略	5	
	8	促销效果评估	5	
相关知识（30%）	9	店内促销	10	
	10	店外促销	10	
	11	捆绑定价	5	
	12	关联算法	5	
团队协作（20%）	13	参与度	10	
	14	工作质量	10	

任务拓展

1. 撰写一个参加淘宝店铺"双十一"促销活动的项目推进任务节点计划。

2. 收集企业开展"双十一"促销活动的案例，提炼出促销活动的准备事项，以保证促销活动的成功。

知识巩固与拓展

一、知识巩固

1. 促销策划的基本步骤有哪些？

2. 请选择 3~5 个关键词，表达本任务的主要知识点。请以思维导图的形式，归纳整理本任务的知识体系。

_____
_____

3. 完成在线测验题。

_____
_____

二、拓展

1. 天猫"双十一"大促中，有哪些优惠促销活动？它们各自的功能、特点和应用场景如何？

_____
_____

2. 以思维导图的形式，归纳整理促销活动推广引流的基本策略和方法。

_____
_____

在线试题：促销活动

自我分析与总结

自我分析
学习中的难点和困惑点

总结提高
完成本任务需要掌握的核心知识点和技能点

完成本任务的典型过程

继续深入学习提高
需要继续深入学习的知识点与技能点清单

项目综合任务

从以下任务中任选一个，作为项目任务。

1. 为家家悦生活港设计一个年中节假日大促活动策划方案。评价标准结合企业的要求和实际应用情况。

2. 模拟店铺参加"6·18""双十一"平台大促，策划大促综合网络营销推广方案，按清单完成任务。评价标准具体按项目任务的要求评价。

一、任务清单

1. 大促名称
明确参加电商平台大促的名称。

2. 大促规则的了解
了解电商平台大促的报名规则、时间、促销活动内容和时间节点。

3. 大促消费者调查
设计大促网络调研问卷，利用自媒体在同学间开展大促调查，收集并分析问卷，获得结论，用于指导促销策划。

4. 大促主题
确定促销主题，用于店铺装修和网络营销推广。

5. 设计促销活动
设计促销优惠活动。选择店内促销工具（比如淘宝的单品宝、优惠券、店铺宝、搭配宝、跨境包税、淘金币抵扣、购物车营销），设计促销规则。

设计促销活动，如团购、加价购、套餐、秒杀等促销活动。

6. 大促店铺装修与优化
进行店铺首页装修、产品详情页装修。

7. 大促引流
设计一个老客户邮件，进行营销引流。

设计促销海报，通过朋友圈转发引流。

设计一个直通车引流方案。

设计内容营销文案，通过自媒体和社会化媒体引流。

8. 设计大促项目推进来，明确内容和时间节点

9. 设计大促评价指标体系

二、任务评价表

1. 评价方式
自我评价、任务小组组长评价、小组互评、指导教师评价。

2. 评价内容
团队协作,任务清单完成的数量和质量,任务的逻辑性,专业知识的掌握和理解,方法和能力的提升。

根据考核结果,填写项目考核表(见表 2-7-1)中"得分"数。

表2-7-1 项目考核表

考核项目	评分项目	考核内容	评价方式	比重	得分
过程表现	纪律出勤	无迟到、早退、旷课等现象;实训期间遵守安全、卫生制度,严谨细致地完成实训任务,养成良好的职业素养	组内教师	10	
	团队协作	积极参与小组任务,工作态度认真、团队协作良好,创新思考,能提出建设性意见;积极发言		10	
学习成果	知识	搜索引擎优化(SEO)、网络广告、搜索引擎营销(SEM)、内容营销、社会化网络推广、促销活动、节假日促销、视觉营销	自评/组内/组间/教师	20	
	技能	能够了解促销规则、报名;制作 H5 广告,选择网络广告平台发布广告;能根据推广需求,确定并实施电子商务平台活动参与策略;能对电子商务平台活动参与效果进行分析,并根据分析结果优化电子商务平台活动参与策略。能对站内付费推广效果进行分析,并根据分析结果优化站内付费推广策略。能根据店铺运营需求,确定并实施店铺内营销活动策略并优化		30	
	方法能力	能够设计促销活动方案,撰写网店商品标题;能应用电子邮件、关键词竞价推广、网店优化、新媒体,为促销活动引流		30	
总分					

项目三

监测与评估网络营销效果

项目导读

通过网络营销评估,才能检验网络营销策略和网络营销推广的效果,才能在此基础上,有的放矢地加以优化,提高网络营销绩效。

本项目通过监测与评估网店网络营销效果、监测与评估网络品牌两个任务,培养学生网络营销评估和管理的能力。

通过两个任务的学习,掌握网络营销评价、优化和管理的方法,能够举一反三,具备为企业进行网络营销管理的能力。达到1+X《网店运营推广职业技能等级标准》中的中高级部分能力标准和《电子商务数据分析职业技能等级标准》初级部分标准。

```
            监测与评估
            网络营销效果
           /            \
  监测与评估              监测与评估
  网店网络营销效果         网络品牌
  1.网络营销目标与评估    1.网络营销品牌传播媒介建设评估
  2.网店销售额影响因素    2.网络营销品牌建设
                         3.网络危机公关管理
```

通过本项目的学习,学生应达到以下目标。

一、知识目标

1. 了解网络营销管理和品牌管理的内涵。

2. 掌握网络营销评估的方法。

3. 掌握网络危机公关的一般步骤。

二、能力目标

1. 能够建立网络营销评估指标体系。

2. 能够根据店铺运营数据，优化网络营销活动。

3. 能够建立网络营销风险管理体系。

项目组织

一、时间安排

项目一共 12 个课时，其中每个任务 4 个课时，项目综合任务 4 个课时。

二、教学组织

本项目围绕着任务中的商品，采取小组团队合作的形式，通过借鉴、学习和小组讨论，完成监测和评估网店网络营销效果、监测和评估网络品牌两个任务。

与本项目有关的网络资源主要有淘宝平台、网络舆情工具、微信、微博。

三、教学成果

通过两个任务的学习，掌握网络营销效果、网络品牌监测、评估和管理的方法和能力。撰写一份网络营销的综合评估指标体系和网络危机管理预案。

任务一 监测与评估网店网络营销效果

任务目标

通过本任务的学习,学生应达到以下目标。

一、知识目标
1. 掌握网络营销目标指标体系和影响网店销售额的因素。
2. 掌握网店流量结构,以及影响转化率、客单价、复购率的因素。
3. 掌握客户 RFM 分析法和网店 ROI 的应用。

二、能力目标
1. 能够分析网店流量与网络营销活动的关系。
2. 能够评估和优化网店网络营销活动。

任务导入

● 任务内容

根据 ABC 店铺运营数据,分析和评估网络营销的效果。

● 任务分析与实施

本任务实施时主要包括以下步骤,如图 3-1-1 所示。

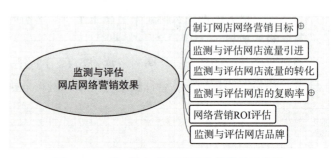

图 3-1-1 监测与评估网店网络营销效果步骤

步骤一 制订网店网络营销目标

企业开展网络营销的主要目标是什么?

1. 淘宝店铺网络营销目标

网店开展网络营销的主要目的是提高销售额和市场地位。

网店制订网络营销目标时,首先应根据年销售额目标,制定季度、月度、周和每天的销售额目标;其次,以此为基础,制定为实现该销售目标所需的流量目标、客户数、产品目标、促销活动和需要投入的成本等指标。如某淘宝店铺根据年度销售额、结合网店往年经营数据,参考行业,标杆企业的数据制订了年度网络营销目标,如表 3-1-1 所示。

ABC 店铺运营数据统计

表3-1-1 某淘金店网络营销年度销售额目标分解

销售计划		年度目标销量	1 770 000	营销投入	531 000.0	ROI	2.33	市场地位	4 层级排名前 10%				
		季度销售目标											
		月度销售目标											
		周销售目标											
	项目	1月	2月	3月	4月	5月	6月	7月	8月	9月	10月	11月	12月
销售目标	销售额	140 000	130 000	120 000	150 000	160 000	170 000	130 000	150 000	160 000	200 000	140 000	120 000
	平均客单价	31	33	33	24	23	23	24	33	24	26	25	23
	平均转化率	2.8%	3.0%	2.8%	3.0%	2.8%	3.0%	2.8%	3.0%	2.8%	3.0%	2.8%	3.0%
流量目标	所需流量	165 021	133 652	133 282	211 405	251 869	251 419	198 959	153 415	242 323	256 454	202 825	175 309
	付费流量（40%）	66 009	53 461	53 313	84 562	100 748	100 568	79 584	61 366	96 929	102 582	81 130	70 124
	免费流量（60%）	99 013	80 191	79 969	126 843	151 122	150 851	119 376	92 049	145 394	153 873	121 695	105 185
客户目标	客户数量	4 538	3 983	3 665	6 300	6 926	7 492	5 471	4 572	6 664	7 642	5 578	5 224
	新客户（50%）	2 269	1 991	1 833	3 150	3 463	3 746	2 736	2 286	3 332	3 821	2 789	2 612
	DSR	飘红	飘红	飘红	飘红	飘红	飘红	飘红	飘红	飘红	飘红	飘红	飘红
产品目标	SKU	36	35	32	34	41	38	36	35	32	42	43	44
	主推款	3	3	3	3	3	3	3	3	3	3	3	3
促销活动	主推款销售额（60%）	84 000	78 000	72 000	90 000	96 000	102 000	78 000	90 000	96 000	120 000	84 000	72 000
	主要促销活动	节假日	店内促销	妇女节	平台活动	劳动节	平台活动	类目活动	平台活动	类目	店内	双十一	元旦
营销成本	销售额	70 000	65 000	60 000	75 000	80 000	85 000	65 000	75 000	80 000	100 000	70 000	60 000
	拉新客户	1 361	1 195	1 100	1 890	2 078	2 248	1 641	1 372	1 999	2 293	1 673	1 567
	营销成本（20%）	42 000	39 000	36 000	45 000	48 000	51 000	39 000	45 000	48 000	60 000	42 000	36 000
	日均营销成本	1 400	1 300	1 200	1 500	1 600	1 700	1 300	1 500	1 600	2 000	1 400	1 200
ROI	（销售额－成本）/成本	2.33	2.33	2.33	2.33	2.33	2.33	2.33	2.33	2.33	2.33	2.33	2.33

2. 淘宝店铺网络营销销售目标监测

登录学习通,下载《ABC 店铺运营数据统计》,查看该淘宝网店的营销目标数据。

1)店铺销售额

$$店铺销售额 = 访客数 \times 转化率 \times 平均客单价$$

比如,1 月 1 日当天,网店的访客数为 1 213,转化率为 3.13%,客单价为 61.06 元,则销售额为 2 318.26 元。

(1)访客数,即 UV。

$$访客数 = 淘宝客 + 直通车 + 手淘搜索 + PC 搜索$$

比如,1 月 1 日网店的访客数为 1 213,其中,淘宝客为 54,直通车为 68,手淘搜索为 756,PC 搜索为 335;淘宝客和直通车属于付费流量,手淘搜索和 PC 搜索属于免费流量。

(2)成交转化率。

$$成交转化率 = 买家数 \div 访客数 \times 100\%$$

比如,1 月 1 日网店的访客数为 1 213,成交数为新买家数和老买家数之和,共 38,则转化率 $= 38 \div 1\,213 \times 100\% = 3.13\%$。

(3)客单价,即进店顾客消费的金额。

$$客单价 = 销售额 \div 买家数$$

比如,1 月 1 日网店的销售金额为 2 320.17 元,成交买家数为 38,客单价 $= 2\,320.17 \div 38 = 61.06$(元)。

店铺一月份的销售额为 147 647 元,计划销售额为 140 000 元,完成月度销售计划。

2)主推款销售额

$$单品成交额 = 成交件数 \times 成交价格$$

比如,1 月 1 日 A 款的销售额为 61 元 $\times$ 35 件 = 2 135 元。

单品成交额 = 真实访客 $\times$ 转化率 $\times$ 客单价,其中,转化率 = 买家数 $\div$ 真实访客数 $\times$ 100%。

比如,1 月 1 日,A 款的销售额为 761 $\times$ 2.76% $\times$ 102 元 = 2 142 元,转化率 = 21 $\div$ 761 $\times$ 100% = 2.7%。

主推三款的销售额为 55 720 元 + 22 050 元 + 12 974 元 = 90 744 元,占月度销售额 147 647 的 61%。

而年度计划的主推款销售额为 84 000,占比额为 60%,故达到年度计划指标。

3)客户构成

网店成交客户数量与构成也是监测目标。

比如,1 月 1 日成交总客户数为 38,其中,新客户 3,老客户 35。

新老客户的比例 $= 3 \div 35 \times 100\% = 0.089\%$。

1 月份新买家为 5 423,老买家 231,新买家占比 $= 5\,423 \div (5\,423 + 231) = 96\%$。

新客户占比比年度计划高,应适当增加老客户的营销。

4）市场排名

应监测与市场同行相比，网店自身销售额的排名。

比如，1月1日，在第四层级的市场，排名为第1 798名。

 做一做

1.哪些网络营销活动能够提高网店成交额？请完成表3-1-2。

表3-1-2　网店推广运营效果与网络营销活动

网店推广运营数据	网络营销活动
访客数	
转化率	
客单价	

2.哪些网络营销活动能够提高单品的销售额？请完成表3-1-3。

表3-1-3　单品推广运营效果与网络营销活动

网店推广运营数据	网络营销活动
成交件数	
成交价格	
访客数（新客户、老客户）	
转化率	
客单价	

步骤二　监测与评估网店流量引进

 **想一想**

淘宝网店流量的来源渠道有哪些？

 **学一学**

1. 淘宝店铺流量的结构

阅读《ABC店铺运营数据统计（流量）》，查看淘宝网店流量的构成。从中可知，店铺流量按照客户终端分为PC端和移动端。

PC端由淘内免费、付费流量、自主访问、海外流量构成。PC端的淘内免费由天猫搜索、淘金币、淘宝搜索、淘宝类目等构成,付费流量由直通车、淘宝客、钻石展位、聚划算、麻吉宝构成,自主访问由购物车、我的淘宝首页、宝贝收藏、店铺收藏等构成。移动端的淘内免费、付费流量、自主访问、海外流量构成。移动端的淘内免费由手淘搜索、手淘首页、手淘每日好店、手淘扫一扫等构成,付费流量由直通车、淘宝客、品销宝、钻石展位、聚划算、麻吉宝构成,自主访问由购物车、我的淘宝、宝贝收藏等构成。

2. 网店流量变化

1)流量变化

利用 Ecxel 表格,计算 1 月 1—18 日流量及变化,结果如图 3-1-2 所示。

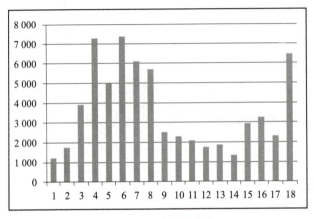

图 3-1-2 流量及变化

从图 3-1-2 中可以发现,流量变化较大,1 月 1 日最低,约 1 000;1 月 6 日最高为 7 000 多。结合店铺运营、行业和竞品竞店,进一步判断流量变化的原因。

2. 付费流量变化

利用 Excel 表格,计算 1 月 1 日—18 日付费流量占比及变化,结果如图 3-1-3 所示。

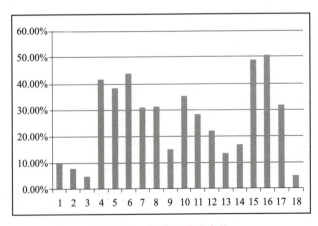

图 3-1-3 付费流量及变化

从图 3-1-3 中可以发现，从 1 月 1 日到 3 日，付费流量占比较低；6 日付费占比较高。流量变化可能与增加了推广活动有关。

 做一做

1. 哪些网络营销推广活动，能够提高表 3-1-4 中不同来源的流量？请填写表格。

表3-1-4　流量来源与网络营销推广

流量来源	网络营销活动
访客数	
淘宝客	
直通车	
手淘搜索	
PC搜索	

2. 哪些营销活动，能够提高单品的访客数和搜索 UV？请填写表 3-1-5。

表3-1-5　单品流量及网络营销活动

流量来源	网络营销活动
访客数	
搜索UV	

步骤三　监测与评估网店流量的转化

 **想一想**

影响流量转化的因素有哪些？

 学一学

1）网店访问深度，即每一个访客浏览的页面数量

$$访问深度 = 浏览量 \div 访客数$$

比如，1 月 1 日，浏览量（PV）为 3 498，访客数为 1 213，则每个访客浏览网页的数量 =3 498÷1 213=2.88。

2）店铺收藏量与收藏率

店铺收藏量指访问网店的访客中收藏了店铺的访客数。

比如，1月1日，收藏访客数为49，收藏率=49÷1 213×100%=4.04%。

3）店铺加购数与加购率

店铺加购数指访问网店的访客加购物车但没有付费购买的访客数。

比如，1月1日加购物车访客数为115，加购率=115÷1 213×100%=9.48%。

4）店铺跳失率

淘宝店铺跳失率是指统计时间内，访客中没有发生点击行为的访客数，即1–点击数/访客数。

从表中可以看出，1月1日，店铺的跳失率为12.21%。

5）UV的价值，每一个UV带来的销售额

比如，1月1日，UV的价值=销售额/UV数=2 318/1 213=1.91（元）。

6）商品动销率

$$动销率 = 有销量的SKU \div 上架销售的SKU \times 100\%$$

比如，1月1日，店铺的商品动销率=销售SLU÷上架SKU×100%=18÷48×100%=37%。

7）平均页面停留时长

$$平均页面停留时长 = 来访店铺所有访客总的停留时长 \div 访客数$$

8）商品跳失率

商品跳失率指统计日期内，商品详情页跳出的访客数与商品访客数之比。

比如，1月1日，A1620布朗熊的跳失率为12.21%。

流量的分析，特别是跟踪跳出店外的数据，确定是否成交，在哪个店铺成交，可作为竞品竞店分析和本店优化的基础，提高转化率。

 做一做

1. 哪些网络营销活动能够增加或者减少网店运营中的数据？请填写表3-1-6。

表3-1-6　流量转化及网络营销活动

流量转化数据	网络营销活动
网店访问深度	
收藏量/收藏率	
加购数/加购率	
跳失率	
UV的价值	
商品动销率	

2. 哪些网络营销活动能够增加或减少单品中的运营数据？请填写表 3-1-7。

表3-1-7　单品流量转化及网络营销活动

流量转化数据	网络营销活动
加购人数	
收藏人数	
成交件数	
支付订单数	
买家数	
跳失率	

步骤四　监测与评估网店的复购率

内容效果评估及优化：算算你的内容投入值不值？

影响老客户复购的因素有哪些？

店铺成交的客户中，有新客户，也有老客户。新客户为首次进店成交的客户，老客户为再次成交的客户。

复购率指统计日期内，购买次数已在 2 次以上的客户的占比。

$$复购率 = 老客户 \div 客户数 \times 100\%$$

比如，1 月 1 日的复购率 = 3÷（3+35）×100%=7.9%。

为了提高客户的复购率，可采取哪些网络营销活动？请填写表 3-1-8。

表3-1-8　客户复购与网络营销活动

网店运营数据	网络营销活动
购买2次以上的客户	
只购买1次的客户	

步骤五　网络营销 ROI 评估

ROI 的含义是什么？

网络营销中的付费流量具有短、平、快的特点，能够快速带来流量的增加和销售业绩，但要投入资金和成本。

投入和产出的比例，也是评估网络营销效果的一个主要指标。

淘宝网店经营中的付费流量主要有直通车、钻石展位和淘宝客。

比如，网店 1 月份的 ROI =（产出 − 投入）÷ 投入 =（147 647−43 963）÷ 43 963=2.36

网店年度计划的 ROI 为 2，实现计划。

如果要提高淘内免费流量、付费流量和自主访问流量，可采取哪些营销活动？请填写表 3-1-9。

表3-1-9　淘内流量等及网络营销活动

流量来源	网络营销活动
淘内免费	
付费流量	
自主访问	

步骤六　监测与评估网店品牌

网店哪些客户评价有利于品牌的建设？

1. 网店 DSR 统计

DSR 是由宝贝与描述相符程度、卖家的服务态度、物流服务的质量组合而来，每项店铺评分取连续六个月内所有买家给予评分的算术平均值（每天计算近 6 个月之内数据）。

一个店铺的起始评分是 5.0，DSR 评分好的店铺才处于良性发展的阶段，才会带来好的买家体验。

（1）描述相符程度反映的是店铺的产品质量、主图和详情描述等与实物相符的程度。

（2）服务态度反映的是团队的综合服务水平。

（3）物流服务反映的是物流的整体水平，包括发货速度、到货时长、客服服务态度、物流人员的服务能力和服务态度等。

2. 网店客户评价[①]

某网店近 6 个月的客户评价，如表 3-1-10 所示。

表3-1-10　客户评价与品牌声誉

评论内容	评论	评论条数	评论性质
质量	很好	604	正面
质量	一般	162	中性
外观	漂亮	591	正面
物流	快	416	正面
描述	相符	359	正面
物流	慢	57	负面

从表 3-1-10 可以发现，针对质量，766 条评论均为正面和中性，无负面评论。在物流方面，评论共计 473 条，其中有 57 条评论"慢"，为负面评价。因此，网店需要在物流方面加大整改力度，提高品牌影响力。

 做一做

1. 讨论对品牌建设有正面影响和负面影响的词语，然后填写表 3-1-11。

表3-1-11　客户评语

评论	评论词语
正面影响	
负面影响	

2. 为了提高网店的 DSR，可采取哪些网络营销策略？请您填写表 3-1-12。

---

① 商评论运营系统：http://www.eucita.com/products/B2C/.

表3-1-12　网店DSR与网络营销活动

网店 DSR	网络营销活动
宝贝与描述相符	
卖家的服务态度	
物流服务的质量	

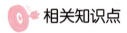

一、网络营销目标与评估

什么是促销活动推广？

企业战略是指为寻求企业的可持续发展，就企业的发展目标及目标达成的途径与手段而制定的长远性、全局性的规划与谋略。

根据企业的整体目标，制定网络营销的目标。围绕网络营销目标的实现，确定网络营销战略。戴夫·查菲提出的网络营销目标、战略和计划和执行的框架结构如图3-1-4所示，展现了网络营销战略的发展过程。

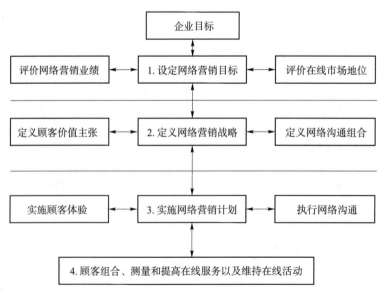

图 3-1-4　网络营销战略的发展过程

网店网络营销的直接目标是提升销售额，围绕着产生销售额的订单，细分为订单金额、客单价、转化率和复购率几个指标。在此基础上，延伸为流量指标、营销活动推广的指标、客户指标、品牌建设和市场地位等。

利用网络营销的绩效评价标准，可以进行一步细化网络营销的目标。比如，戴夫·查菲在《网络营销战略、实施与实践》中，提供了一个网络营销评测的五大诊断分类，分为网络推广、顾客行为、顾客满意、营销成果、经营贡献，如表3-1-13所示。

表3-1-13　网络营销评测五大诊断分类

项目	内容
网络推广	吸引力、获得成本、搜索引擎可视化与链接、整合营销
顾客行为	顾客概况、点击量、网络行为
顾客满意	网络适用性、绩效/适用性、观念、态度、品牌影响力
营销成果	线索、销售、服务触及、转化、顾客维护率
经营贡献	收益贡献（直接、间接）、品牌渗透、成本和收益

平衡计分卡要求管理者考虑长期目标、实现长期目标的成功。平衡计分卡主要从客户、内部管理、学习与创新、财务四个相关领域的角度出发，确定绩效考核指标，将战略与评价指标联系在一起，如表3-1-14所示。

表3-1-14　平衡计分卡的四个视角

客户视角		内部管理视角		学习与创新视角		财务视角	
目标	指标	目标	指标	目标	指标	目标	指标

客户视角，是指从企业向客户传递的价值来进行衡量。该指标分为四个维度，即时间、质量、服务、成本。评价指标包括从订货到送货的时间、客户对产品的满意度、售后服务的评价、客户的忠诚度和终身价值。

内部管理视角，是评价企业如何通过内部管理，满足客户的期望值。其指标包括产品与服务的提供、人员绩效、客户服务的响应和质量、营销信息管理系统的应用等。

学习与创新视角，也称成长视角，是平衡计分卡独特的属性之一。它是指企业不仅要关注产品和服务的不断优化，而且要关注产品的创新。这就要求员工不拘泥于日常的经营和销售，而关注企业的可持续发展。

财务指标视角，包括收入和支出、投资回报率、市场增长率、客户获得成本与客户带来的利润等。

 考一考

1. 企业开展网络营销的目标有哪些？
2. 评估网店网络营销效果的指标有哪些？

二、网店销售额影响因素

 想一想

结合网络消费者的购物过程，探讨提高网店销售额的方法。

 学一学

1. 流量

（1）流量指标。在网络营销评价方法中，流量是一个重要的量化评价指标。

流量的评价指标主要有流量的来源结构，分为付费、免费、站内、站外等；流量的数量和变化；流量的质量，包括人均浏览量、平均停留时间、加购量、收藏量、成交量、转化率、跳失率等指标。

（2）流量诊断和优化。通过流量的稳定性、合理性、成长性，分析和诊断流量。

稳定性取决于流量的变化（即总量的变化幅度）与行业、竞品竞店比较是否合理。

合理性，取决于来源是否合理（比如自主访问30%、付费推广30%、免费30%、站外10%）和页面流量分布是否合理（比如商品页70%、首页20%、活动页5%、分类页5%）。

成长性，取决于流量的变化趋势是否保持在一个合理的波动范围内。

通过提高标题、主图与商品相关性和个性化搜索匹配，提高进店流量的质量。

2. 转化率

网站的流量转化为实际的消费行为才有意义。对于网店而言，主要是订单。转化率漏斗如图3-1-5所示。

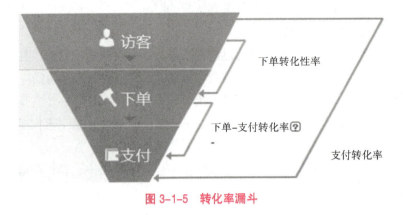

图3-1-5 转化率漏斗

（1）网店转化率指标。网店转化率构成如图3-1-5所示。

成交转化率 = 成交用户数 ÷ 全部访客数 ×100%

下单转化率 = 下单买家数 ÷ 访客数 ×100%

静默转化率 = 静默成交的访客 ÷ 全部静默的访客 ×100%

询单转化率 = 咨询下单数 ÷ 咨询人数 ×100%

加购转化率 = 加购成交访客数 ÷ 加购访客数 ×100%

（2）网店转化率诊断。影响转化率的因素包括店铺定位及品牌与访客分析、搜索人群画像是否相符，提供的商品与服务是否符合进店访客的需求，以及市场竞争、竞店竞品的情况。

通过与行业、同期、上期比较，发现问题。通过流量来源、页面、单品、服务等数据的监控和分析，制定对策并实施和优化。

（3）提高转化率。通过优化赠品、满减、满赠、加购促销，提高加购转化率。通过提高商品的性价比和服务，提高转化率。

（4）降低跳失率，优化页面布局。页面点击体现了客户感兴趣的点，可加以分析判断，并分析流量的访问路径，据此优化页面布局。

（5）提高静默转化率。制作良好的商品详情页，能够提高静默转化率。

（6）降低退款率。通过良好的售后服务，降低退款率。

3. 客单价

提高客单价，就是要让每位顾客的购买金额增加。

客单价 = 单价 × 购买数量

因此可以从以下两个方面入手：商品单价，与商品属性、客户属性有关；成交数量，与产品单价、促销、捆绑促销、关联营销有关。

4. 复购率

（1）复购率的诊断。制作复购曲线，与前提、同期、行业、竞品竞店比较，进行诊断。

小任务：提高客户服务

影响复购率的因素有品牌、商品质量、服务质量、客户满意度等。

（2）提升复购率。会员的价值远远高于新客户，挖掘会员价值是卖家不错的投资。

例如，亚马逊的付费会员的复购率是利润的主要来源。

RFM分析法是客户关系管理的重要分析方法，通过RFM分析，可以对客户的消费动态进行评估，并以此为依据进行不同的客户服务，如表3-1-15所示。

R（Recency，近度）：从客户付款时间与数据采价点时间的时间差为标准；

F（Frequency，频率）：一段时间内的客户的交易次数；

M（Monetary，额度）：客户的交易额。

表3-1-15 用RFM分析法进行客户价值细分

Recency （最近一次消费）	Frequency （消费频率）	Monetary （消费金额）	客户类型
小于均值	大于均值	大于均值	重要价值客户
小于均值	小于均值	大于均值	重要发展客户
大于均值	大于均值	大于均值	重要保持客户
大于均值	小于均值	大于均值	重要挽回客户
小于均值	大于均值	小于均值	一般价值客户
小于均值	小于均值	小于均值	一般发展客户
大于均值	大于均值	小于均值	一般保持客户
大于均值	小于均值	小于均值	一般挽留客户

- 重要价值客户是最佳客户，他们是那些最新购买，最常购买，并且花费最多的消费者。提供VIP服务和个性化服务，奖励这些客户，他们可以成为新产品的早期采用者，并有助于提升品牌知名度。
- 重要发展客户是近期客户，消费金额高，但平均频率不太高，忠诚度不高。提供会员或忠诚度计划或推荐相关产品以实现向上销售并帮助他们成为您的忠实拥护者和高价值客户。
- 重要保持客户是指那些经常购买、花费巨大，但最近没有购买的客户。向他们发送个性化的重新激活活动以重新连接，并提供续订和有用的产品以鼓励再次购买。
- 重要挽回客户是那些曾经光顾，消费金额大，购买频率低，但最近没有光顾的顾客。设计召回策略，通过相关的促销活动或续订带回他们，并进行调查以找出问题所在，避免将其输给竞争对手。
- 一般价值客户是那些最近购买，消费频次高但消费金额低的客户，需要努力提高其客单价，提供产品优惠以吸引他们。
- 一般发展客户是那些最近购买，但消费金额和频次都不高的客户。可提供免费试用以提高客户兴趣，提高其对品牌的满意度。
- 一般保持客户是指很久未购买，消费频次虽高但金额不高的客户。可以提供积分制，各种优惠和打折服务，改变宣传方向和策略与他们重新联系，而采用公平对待方式是最佳。
- 一般挽留客户是指RFM值都很低的客户。针对这类客户可以对其减少营销和服务预算或直接放弃。

6月份有50个用户购买了商品，购买2次及以上的客户为8个，用户复购率是多少？

一、任务指导书

完成任务部署，并填写本组考核表。

监测与评估网络营销效果的任务指导书如表3-1-16所示。

表3-1-16　任务指导书

任务名称					
成员分工			时间		
任务重点	网络营销目标，网络营销评估，流量监测与优化				
任务难点	流量评估与优化				
任务资源	网店				
任务内容	分析商品标题优化、网店 SEO、SEM、网络广告、促销活动中的哪些评价指标影响了网店的流量、转化率、客单价及复购率。围绕着提高网店销售额的目标，通过与行业、竞店相关指标的对比分析，策划网络营销策划和推广活动，提高网店流量数量、质量、客单价和复购率				
评价	自评	组评	组间评	教师评	第三方评

二、任务评价

1. 评价方式

自我评价、任务小组组长评价、小组互评、指导教师评价。

2. 评价内容

团队协作，任务清单完成的数量和质量，任务的逻辑性，专业知识的掌握和应用，方法和能力的提升。本任务评价权重如表3-1-17所示。

表3-1-17　本任务评价权重

评价维度		评价内容	配分	得分
网店网络营销评价指标的学习（20%）	1	网店网络营销目标的构成	5	
	2	网店网络营销目标的制定	5	
	3	网店网络营销的效果目标	5	
	4	网店的品牌目标	5	
网店网络营评估与优化（30%）	5	流量评估与优化	10	
	6	转化率评估与优化	10	
	7	客单价评估和优化	5	
	8	网店品牌的评估和优化	5	
相关知识（30%）	9	网络营销战略	10	
	10	网络营销策划	10	
	11	网络营销目标	5	
	12	网络营销绩效管理	5	
团队协作（20%）	13	参与度	10	
	14	工作质量	10	

任务拓展

1. 如何建立一个网络营销效果综合评价指标体系？
2. 如何运用大数据，开展网络营销评估和优化？
3. 网络营销评估的工具有哪些？

知识巩固与拓展

一、知识巩固

1. 网络营销目标制订的基本步骤包括哪些？网络营销目标有哪些？如何提高转化率和客单价？

2. 请选择 3~5 个关键词，表达本任务的主要知识点。请以思维导图的形式，归纳整理本任务的知识体系。

3. 完成在线测验题。

二、拓展

1. 影响网店销售额的因素有哪些？如何进一步细分指标，进行评估和优化？

2. 以思维导图的形式，归纳整理网络营销的目标、网络营销活动和网络营销评估指标的关系。

在线试题：网店网络营销效果

自我分析与总结

自我分析
学习中的难点和困惑点

总结提高
完成本任务需要掌握的核心知识点和技能点

完成本任务的典型过程

继续深入学习提高
需要继续深入学习的知识点与技能点清单

任务二　监测与评估网络品牌

任务目标

通过本任务的学习，学生应达到以下目标。

一、知识目标
1. 了解网络口碑、网络品牌的内涵。
2. 掌握网络舆情监控和网络危机公关处理的方法。

二、能力目标
1. 能够通过网络工具，监测企业网络品牌声誉。
2. 能够通过新媒体，建设和维护企业网络品牌。

任务导入

● 任务内容

网络负面信息未及时发现、危机公关处理不及时或者处理方式不慎，都可能引发企业品牌的坍塌，给企业造成重大损失。

在实践中，如何监测与维护企业网络声誉，提高品牌形象？

● 任务分析与实施

企业官方网站、官方微博是权威信息发布、危机公关处理的重要渠道。

网络广告是网络品牌传播的重要载体。

舆情监控系统能够全网覆盖，及时发现舆情和传播的路径，进行干预。

监测与评估网络品牌活动如图 3-2-1 所示。

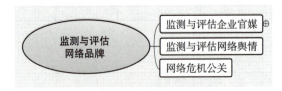

图 3-2-1　监测与评估网络品牌活动

职业道德

孙宇晨事件后币圈反思：区块链如何告别营销投机？

步骤一　监测与评估企业官媒

企业官方信息的发布渠道有哪些？

1. 网站网络营销效果评估

1）百度网站统计分析

登录百度网站统计 demo 演示版本，了解网站网络营销效果，如图 3-2-2 所示。

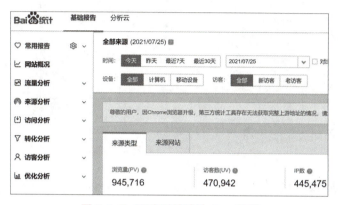

图 3-2-2　百度网站统计 demo 演示

（1）了解网站实时访客数量，如图 3-2-3 所示。

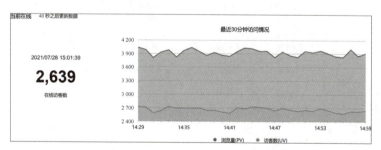

图 3-2-3　百度网站统计实时访客

（2）了解网站流量的来源及结构占比，如图 3-2-4 所示。

来源网站	浏览量(PV)	占比
直接访问	873,399	45.58%
百度	695,161	36.28%
神马搜索	79,159	4.13%
https://demo.tongji.baidu.com/sc-web/home/c...	42,943	2.24%
360搜索	42,072	2.2%
搜狗	25,241	1.32%
https://demo.tongji.baidu.com/web/opt/speed	24,132	1.26%
https://demo.tongji.baidu.com/web/custom/su...	17,297	0.9%
https://demo.tongji.baidu.com/ac-web/apps/lis...	16,564	0.86%
其他	100,352	5.24%

图 3-2-4　网站流量来源

（3）了解网站的浏览量、访客数、IP 数及变化趋势，如图 3-2-5 所示。

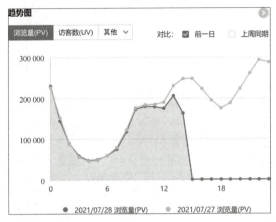

图 3-2-5　网站浏览量及变化趋势

（4）了解网站新老访客的数量及占比，如图 3-2-6 所示。

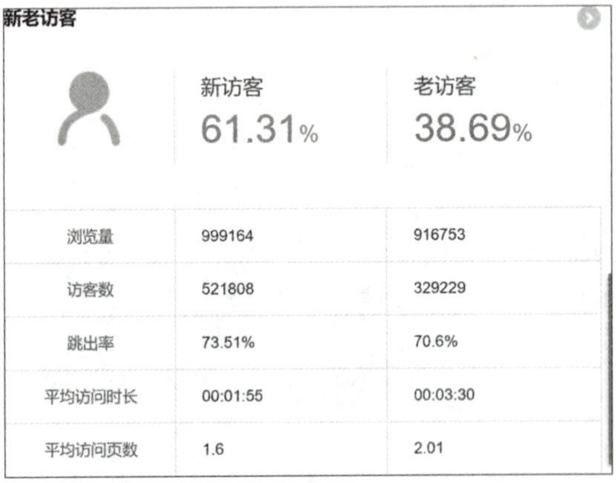

图 3-2-6　网站新老访客数量

（5）评估流量质量，如图 3-2-7 所示。

图 3-2-7　网站流量质量

（6）了解搜索词排名，如图 3-2-8 所示。

图 3-2-8　网站搜索词排名

（7）了解网站转化效果，如图 3-2-9 所示。

图 3-2-9　网站转化

2. App 网络营销效果评估

登录百度移动统计 demo 演示版本，了解 App 网络营销的效果，如图 3-2-10 所示。

图 3-2-10　百度移动统计

查看应用概况，如启动用户数、启动次数和人均使用时长等，如图 3-2-11 所示。

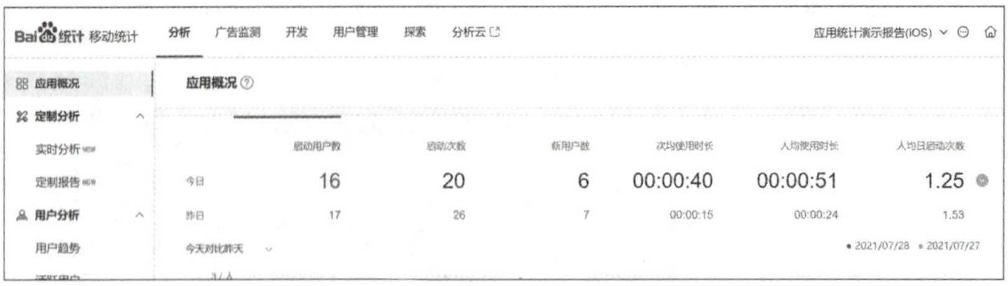

图 3-2-11　百度移动统计 App 应用概况

3. 企业官方微博

（1）以华为官方微博为例，登录华为官方微博，查看关注数、粉丝数和发布微博的数量，如图 3-2-12 所示。

图 3-2-12　华为官方微博

查看发布微博的转发、评论和点赞数，如图 3-2-13 所示。

图 3-2-13　华为官方微博声量

（2）根据品牌建设的要求，分析新媒体数据，如表 3-2-1 所示。

表3-2-1 品牌与数据分析

品牌建设	需要分析的数据组合
提升品牌美誉度	粉丝晒单情况、评论区好评数等数据
提升品牌知名度	粉丝数、微信用户数、订阅数等
提升品牌忠诚度	二次购买的顾客数、主动转发的粉丝数、主动打赏的粉丝数、留言频次高的用户数等

考一考

某企业新媒体部门在策划新产品的线上推广方案时，计划尝试利用微博、微信、网站、知乎专栏、今日头条五种渠道同时推广。表3-2-2为推广后的销售情况及成本，请计算单件推广成本（推广费用/销售数量）并填入表中，同时评估本次推广方案中，哪些渠道是最有效的？

表3-2-2 推广后的销售情况与成本

渠道	推广费用／元	销售数量／件	单件推广成本／元
微博	10 057	124	
微信	9 900	255	
网站	5 000	10	
知乎专栏	6 083	101	
今日头条	3 241	134	

步骤二 监测与评估网络舆情

如何监控新媒体网络舆情？

舆情监控软件一般为收费软件，演示版本功能受限。可以注册账户，模拟实训，了解软件的功能和使用方法。

登录新浪舆情通，如图3-2-14所示，通过新浪舆情通企业品牌解决方案的案例演示，了解网络品牌解决方案的功能、应用场景和使用方法。

图 3-2-14 新浪舆情通

 做一做

某服装企业新媒体团队需要对微信公众号运营情况进行数据分析，请为表 3-2-3 中不同分析目的与分析数据连线。

表3-2-3 品牌与新媒体监测数据

品牌分析（美誉度）		微信公众号打赏数量
品牌分析（知名度）		微信商品好评率
品牌分析（忠诚度）		微信粉丝数

步骤三 网络危机公关

 想一想

网络危机如何处理？

网络版公关声明模板

据调查，在 2016 年 3·15 晚会开始前几小时，网络上就出现了《关于中央电视台 3·15 晚会相关报道的声明》的模板，如图 3-2-15 所示。

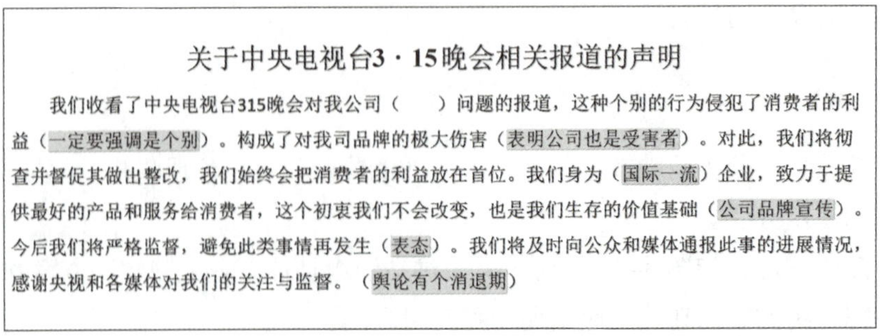

> **关于中央电视台3·15晚会相关报道的声明**
>
> 我们收看了中央电视台315晚会对我公司（　　）问题的报道，这种个别的行为侵犯了消费者的利益（一定要强调是个别）。构成了对我司品牌的极大伤害（表明公司也是受害者）。对此，我们将彻查并督促其做出整改，我们始终会把消费者的利益放在首位。我们身为（国际一流）企业，致力于提供最好的产品和服务给消费者，这个初衷我们不会改变，也是我们生存的价值基础（公司品牌宣传）。今后我们将严格监督，避免此类事情再发生（表态）。我们将及时向公众和媒体通报此事的进展情况，感谢央视和各媒体对我们的关注与监督。（舆论有个消退期）

图 3-2-15 公关声明模板

记者发现，在被曝光后，商家们发布的声明的结构和内容与模板几乎是一致的。

针对网络舆情，许多网络舆情网站提供了网络舆情分析报告。通过分析报告可以发现网络舆情的传播路径和节点，对于网络舆情和网络危机公关处理，具有极强的借鉴和指导作用。

做一做

1. 通过网络收集危机公关案例，进行分析。
2. 请撰写一份网络危机公关模板。

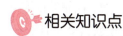

"滴滴司机遭污名化"事件舆情成因分析与化解启示

一、网络营销品牌传播媒介建设评估

1. 网站评价指标体系

1）网站建设专业性的评价

网站建设专业性的评价是对网站结构、网站内容、服务、功能、可信度等要素进行的评价，能够反映一个网站的建设质量。网站建设专业性诊断指标有以下几种，如表3-2-4所示。

（1）网站信息质量高低。有无公司业务的介绍情况，是否有关于产品和服务的信息，是否有完整的企业联系信息等内容。

（2）网站导航易用度。网站信息是否组织良好，是否有站内搜索引擎，网站各部分是否很方便地链接互通。

（3）网站设计美观性。网站设计的美观及愉悦程度，文本是否容易阅读，图片是否使用恰当，是否创造性地采用了声频与视频手段增强宣传效果。

（4）网站的电子商务功能。能否实现在线订购和在线支付。

（5）网站的特色。网站是否有社区或论坛，是否有增强用户体验的工具，访问者能否注册电子邮件，用户能否通过网站获得适时帮助（如在线拨号或聊天系统），网站是否有通往相关信息的互补性资源的链接。

表3-2-4 网站建设的评价指标

统计指标	项目
网站建设专业性诊断指标	网站信息质量高低
	网站导航易用度
	网站设计美观性
	网站的电子商务功能
	网站的特色

2）网站推广效果的评价

一般来说，评判网站推广效果的指标有三种，分别是搜索引擎的收录与排名状况，获得其他网站外链的数量和质量，网站访问量和注册用户数量。

（1）搜索引擎的收录和排名状况。搜索引擎的收录和排名状况主要包括网站被各个主要搜索引擎收录的网页的数量，被搜索引擎收录的网页数量占全部网页数量的比例，在搜索引擎检索结果中的排名。

（2）获得其他网站链接的数量和质量。网站被其他网站链接的数量越多，说明网站越得到其他网站的认可，特别是在内容方面。链接网站的质量，主要与网站的相关性、网站的权重指标相关。能够获得较高质量网站的链接，是对网站质量的一种肯定，有助于搜索引擎的排名。

（3）网站访问量和注册用户数量。网站访问量是网络营销取得效果的基础，也在一定程度上反映了获得顾客的潜在能力，是评价网站推广效果的基本指标。对网站访问数据的统计分析也是网络营销管理的基本方法和基本内容。

3）网站统计分析

在网络营销评价方法中，网站统计分析是重要的量化评价方法之一，通过网站访问统计报告，不仅可以了解网络营销取得的效果，而且可以从统计数字中发现许多问题。网站统计分析的指标主要包括网站流量指标、用户行为指标、浏览网站指标等内容，如图3-2-5所示。

表3-2-5 网站统计指标

统计指标	项目
网站流量指标	独立访问者数量（Unique Visitors）
	重复访问者数量（Repeat Visitors）
	页面浏览数（Page Views）
	每个访问者的页面浏览数（Page Views per User）
	文件/页面的统计指标
	引导网站
	引导搜索引擎与关键字的来源
用户行为指标	受访页面
	访问时间
	跳出率
	用户来源网站
	用户所使用的搜索引擎及其主要关键词
	不同时段的用户访问量
	访客在网页上的点击行为
浏览网站指标	用户上网设备的类型
	用户浏览器的名称和版本
	访问者计算机分辨率显示模式
	用户所使用的操作系统名称和版本
	用户所在地理区域分布状况等

在网站的评价指标体系中，页面浏览数、独立访问者数量、用户来源网站、用户使用的搜索引擎和关键词统计等指标，对网站统计和管理具有重要的意义。

2. 社会化媒体的网络营销效果评估指标

传播性、互动性和媒体的二次跟进，是社会化媒体信息传播评价指标的特点，统计指标如图 3-2-6 所示。

表3-2-6 社会化媒体统计指标

统计指标	项目
曝光量	总体发布量、展示次数（如图片类硬广、视频等）
	分享次数、转载数量
	阅读数量（点击数量）
	名人转发数量
互动性	网站访问量
	回复或跟帖数量
	注册人数、关注人数、参与人数
	舆情的正面、负面、中性的数量与比率
质量	用户下载、安装的次数
	论坛中加"精华""置顶"的数量
品牌建设	知名度、美誉度变化、品牌号召力
	网络舆论的数量，正面、负面、中性的数量
ROI	投入量与销售量的比值
媒体的二次跟进	有无其他非合作媒体进行话题的跟进及二次传播

3. 网络广告效果评估标准

网络广告的评价指标，主要包括广告投入与广告效果两部分，具体指标如表3-2-7 所示。

表3-2-7 网络广告统计指标

指标	内涵
广告展示量	包括 Flash 广告、图片广告、文字链广告、软文、邮件广告、视频广告、富媒体广告等多种广告形式
广告点击量	网民点击广告的次数
广告到达率	网民通过点击广告进入被推广网站的比例
广告二跳率	通过点击广告进入推广网站的网民，在网站上产生了有效点击的比例
广告转化率	通过点击广告进入推广网站的网民形成转化的比例
CPM	每千次展示费用
CPC	每次点击的费用
CPA	每次行动的费用
CPS	按广告带来的销售额收费

二、网络营销品牌建设

评价网络品牌有哪些维度和指标?

1. 网络营销品牌建设和维护

品牌评价指标体系主要由品牌认知度、品牌美誉度和品牌忠诚度等指标构成,如表3-2-8所示。

表3-2-8 网络品牌统计指标

项目	指标	备注
品牌认知度	知名度	认知品牌
	熟悉度	深化认知
品牌美誉度	美誉度	—
	偏好度	品牌偏好度
品牌忠诚度	已购率	购买的意愿
	忠诚度	再次购买的意向

评价指标体系的建立,需要定性与定量指标的结合,这样才能取得良好的效果。

品牌指数用一种量化的标准来对品牌的表现进行评估,主要包含以下七个指标。

(1)品牌知名度,评估品牌是否达到了一个基本的消费者知晓水平,并可借此检验传播受众及媒体组合是否准确、合理。

(2)品牌满意度,评估品牌是否满足目标消费者的需求,由此可以检验产品的功能是否符合品牌对消费者的承诺,以及消费者对品牌的忠诚程度。

(3)品牌联想度,评估品牌带给消费者的联想是否符合品牌的策略规划。

(4)概念认知度,评估品牌概念的准确性。品牌概念是品牌定位的直接诉求,它代表着品牌为消费者提供的独特利益点,如果品牌概念与消费者的需求有误差,必将影响品牌价值的实现。

(5)产品联结度,评估品牌是否准确表现了产品类别的内涵,如果消费者对品牌的理解与产品没有联系,将大大削弱品牌的影响力。

(6)价格认可度,评估品牌价格策略的正确性,产品定价是否让消费者感觉"物有所值"或"物超所值"。

(7)产品购买率,评估品牌对消费者购买因素掌握的准确程度。

品牌指数是一个量化的品牌评估体系,但是在对品牌进行综合评价时,还要运用品牌检视系统进行定性评估，对品牌概念、形象、个性、联想、价值观、喜好等进行评估。这样才能对品牌获得全方位的把握，使品牌健康地成长。

2. 网络口碑营销

网络口碑营销是口碑营销与网络营销的有机结合，是指促进消费者分享和传递关于某产品（品牌）正面使用经验或正面意见的营销行为。

消费者或网民通过网络渠道（如论坛、微信、微博和视频网站等新媒体平台）分享对品牌、产品或服务的正面评价，这对于一个品牌知名度和美誉度的形成是潜移默化的，也是深入人心的。

口碑之所以能成为强大的营销工具，是基于人类喜欢交流的天性。不管是讲自己的故事还是讲别人的故事，优质内容的速度传播会呈几何级增长，最终在很短的时间内传播给大量听众。

口碑营销具有宣传费用低、可信任度高、具有亲和力、能有效提升企业形象和品牌忠诚度的特点。

网络品牌评价指标与新媒体统计指标有什么关系？

三、网络危机公关管理

如何尽早监测到网络危机？

1. 网络危机公关

新媒体的信息传播较之传统媒体，具有快速、内容丰富、交互共享性强等特点。这在一方面给企业带来了潜在的危机，同时也为危机事件的解决和管理开辟了一条新的途径。

1）网络危机公关的一般步骤

网络危机公关的一般步骤，如图 3-2-16 所示。

图 3-2-16　网络危机公关的一般步骤

课程思政

重大突发事件舆情怎么应对？

首先是舆情系统监控，通过监控成千上万的网站、论坛、社区和博客的变化，及时、全面、准确地掌握自己企业的信息在网络上的动向。

其次，对收集到的信息进行专业的整理、分析，及时发现负面消息，为危机的处理赢得先机。

再次，建立危机预警机制，确定危机处理预案。如果第一时间妥善处理相关问题，切掉危机滋生的温床，就能够防止危机的蔓延。

最后，确定危机响应与处理策略并实施。包括利用搜索引擎，通过正面报道压制负面消息，利用公关删除负面消息，结合事件本身制定根本性解决方案，利用公关彻底平息事件等。

2）企业危机处理的 5S 原则

危机公关的 5S 原则，包括承担责任原则、真诚沟通原则、速度第一原则、系统运行原则和权威证实原则，它们是企业处理危机事件的理论依据和准则。

（1）承担责任原则。危机发生后，公众会关心两方面的问题，一是利益，二是感情。如果企业首先追究其责任，双方会各执己见，加深矛盾，引起公众的反感，不利于问题的解决。企业态度不友好，会加深公众的不理解和不信任。

（2）真诚沟通原则。企业处于危机中时，是公众和媒体关注的焦点。应该主动与新闻媒体联系，态度诚恳地与公众沟通，说明事实真相，促使双方互相理解，消除疑虑与不安。

（3）速度第一原则。在危机出现的最初 12~24 小时内，消息会像病毒一样，以裂变方式高速传播。危机发生后，能否首先控制住事态，使其不扩大、不升级、不蔓延，是处理危机的关键。

（4）系统运行原则。危机发生后，冷静处理，统一观点，专项负责，果断决策，迅速实施，整合各种网络资源加以综合运用，循序渐进，标本兼治，重获网络口碑。

（5）权威证实原则。要重视意见领袖的作用，使消费者解除戒心，重获信任。

2. 网络舆情监控

借助社会化媒体和网络社区，社会热点事件短时间就能够得到广泛的传播，较易形成社会舆情。

通过对网络舆情的监控，能够及时发现网络危机的苗头，分析并追踪危机信息传播及演变过程，为及时处理危机提供决策支持，维持企业的网络口碑及美誉度。通过汇总和分析网络中的舆情信息，能够进一步评价企业的网络品牌、广告投入与效果，也能了解竞争对手的网络动态，追踪网民的态度与风向，发掘商机。

互联网舆情监测分析系统，可以实时监控主流网络社区、网络媒体、自媒体、SNS 社区等信息源，进行网络信息搜集、处理、存贮、全文检索、中文处理和文本挖掘，并形成报告。同时，该系统还提供即时提醒服务。

通过该系统，企业能够及时、全面、准确地掌握网络动态，了解自身的网络形象，提高公关应变能力和重大事件处置能力，同时也能够对竞争对手进行监测。

（1）及时掌控信息。能够自行定义重点监测站点及监测关键词，覆盖核心网络社区、网媒、博客、SNS 网站等，尽快发现监测信息，即时提醒。

（2）竞争对手监测。能够密切监测竞争对手动态、措施、数据，为企业市场营销决策提供支持。

（3）舆情监控系统。舆情监控系统由信息采集、信息处理、舆情分析、舆情展示四部分组成。图 3-2-17 所示为某网络舆情分析报告的框架结构。

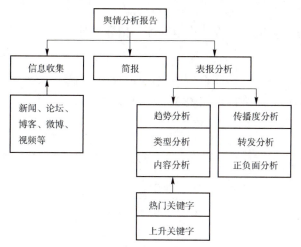

图 3-2-17　某网络舆情分析报告的框架结构

1. 简述网络危机公关的基本步骤。
2. 如何利用网络舆情监控软件，第一时间发现危机的苗头？

一、任务指导书

提示

完成任务，并填写本组考核表。

监测与评估网络品牌的任务指导书如表 3-2-9 所示。

表3-2-9　任务指导书

任务名称					
成员分工			时间		
任务重点	网络品牌，网络舆情，网络危机公关，新媒体品牌评估				
任务难点	网络品牌评估				
任务资源	新媒体				
任务内容	1. 如何消除客户的负面评价； 2. 收集案例，分析网络危机处理的一般流程，制定网络危机公关的预案； 3. 小组讨论，尝试针对某一类网络危机情景，撰写一个声明模板				
评价	自评	组评	组间评	教师评	第三方评

二、任务评价

1. 评价方式

自我评价、任务小组组长评价、小组互评、指导教师评价。

2. 评价内容

团队协作,任务清单完成的数量和质量,任务的逻辑性,专业知识的掌握和应用,方法和能力的提升。本任务评价权重如表3-2-10所示。

表3-2-10 本任务评价权重

评价维度		评价内容	配分	得分
网络品牌的学习(20%)	1	网络品牌的认知	5	
	2	网店品牌建设	5	
	3	新媒体品牌评估	5	
	4	网络危机公关	5	
网络品牌评估与管理(30%)	5	网络品牌评价指标	10	
	6	新媒体评价指标	10	
	7	网络危机公关的借鉴	5	
	8	网络危机公关的预案	5	
相关知识(30%)	9	网络品牌	10	
	10	网络口碑	10	
	11	网络舆情	5	
	12	网络危机公关	5	
团队协作(20%)	13	参与度	10	
	14	工作质量	10	

任务拓展

一、网络营销的品牌建设指标有哪些?

二、如何做好网络危机公关管理?

知识巩固与拓展

一、知识巩固

1. 以思维导图的形式,归纳整理网络营销管理的维度和要素。

2. 请选择 3~5 个关键词，表达本任务的主要知识点。请以思维导图的形式，归纳整理本任务的知识体系。

3. 完成在线知识测验。

二、拓展

1. 新媒体评价指标有哪些？在网络品牌建设中的作用有哪些？

2. 以思维导图的形式，归纳整理网络危机公关的基本步骤和原则。

在线试题：网络品牌

自我分析与总结

自我分析
学习中的难点和困惑点

总结提高
完成本任务需要掌握的核心知识点和技能点

完成本任务的典型过程

继续深入学习提高
需要继续深入学习的知识点与技能点清单

项目综合任务

建立网店网络营销效果和网络品牌评价指标体系，并提出优化建议。

一、任务清单

1. 评估和优化网店网络营销效果

建立网店网络营销评价指标体系。

假如商品销量低于行业平均水平、低于竞店，提出可能的优化路径。

2. 评估和优化网络品牌

建立网络品牌评价指标体系。

确定网络危机公关预案。

二、任务评价表

1. 评价方式

自我评价、任务小组组长评价、小组互评、指导教师评价。

2. 评价内容

团队协作，任务清单完成的数量和质量，任务的逻辑性，专业知识的掌握和应用，方法和能力的提升。

根据评价结果，填写下方的项目考核表中"得分"数。

提示

完成任务，并填写本组考核表。

项目考核表

考核项目	评分项目	考核内容	评价方式	比重	得分
过程表现	纪律出勤	无迟到、早退、旷课等现象；实训期间，遵守安全、卫生制度，严谨细致地完成实训任务，养成良好的职业素养	组内教师	10	
	团队协作	积极参与小组任务，工作态度认真、团队协作良好，创新思考，能提出建设性意见；积极发言		10	
学习成果	知识	网店流量、来源、构成；网店流量质量、转化率；网络品牌；网络舆情，网络危机公关	自评组内组间教师	20	
学习成果	技能	项目任务要素全；网店分析得当、合理；优化方案可行；危机预案整体结构合理，危机模板具有可操作性	自评组内组间教师	30	
	方法能力	能够应用掌握的网络营销策划、推广的方法和技能，解决网店经营中的问题，优化网络营销推广活动，提高网店的经营绩效，处理网络危机公关，维护企业品牌		30	
总分					

参 考 文 献

[1][美]菲利普·科特勒,凯文·莱恩·凯勒.营销管理(14版·全球版)[M].王永贵,等译.北京:中国人民大学出版社,2012.

[2]孙悦,周宁.网络营销:网商成功之道[M].3版.北京:电子工业出版社,2011.

[3]商玮,段建.网络营销[M].北京:清华大学出版社,2012.

[4]冯英健.网络营销基础与实践[M].5版.北京:清华大学出版社,2016.

[5]阮伟卿,刘晓佳.网络营销实务[M].北京:科学教育出版社,2016.

[6]杜家龙.市场调查与预测[M].北京:高等教育出版社,2011.

[7]孙丽英.市场营销调查与预测[M].北京:北京理工大学出版社,2012.

[8][美]伊文思.社会化媒体营销技巧与策略[M].王正林,等译.北京:电子工业出版社,2012.

[9]张亚明.企业网络社区营销价值、机理及模式研究[J].企业经济,2011(12).

[10][英]戴夫·查菲,菲奥纳·埃利斯-查德威克,凯文·约翰斯顿.网络营销战略、实施与实践[M].马连福,等译.北京:机械工业出版社,2008.

[11][美]希特,爱尔兰,霍斯基森著.战略管理:竞争与全球化(概念)(第6版)[M].吕巍,等译.北京:机械工业出版社,2005.

[12][美]朱迪·斯特劳斯,雷蒙德·弗罗斯特.网络营销[M].5版.时启亮,孙相云,刘芯愈,译.北京:中国人民大学出版社,2013.